햇볕과
바람을 맞아
잘 익은
사과처럼

한국현대수필 100 년 사파이어문고 ㉕

김태현 자전적 생활수필집
햇볕과 바람을 맞아 잘 익은 사과처럼

인쇄 | 2025년 5월 7일
발행 | 2025년 5월 12일

글쓴이 | 김태현
펴낸이 | 장호병
펴낸곳 | 북랜드
  04556 서울 중구 퇴계로41가길 11-6, JHS빌딩 501호
  41965 대구 중구 명륜로12길 64, 2층(남산동)
  전화 (02)732-4574, (053)252-9114
  팩스 (02)734-4574, (053)252-9334
  등록일 | 1999년 11월 11일
  등록번호 | 제13-615호
  홈페이지 | www.bookland.co.kr
  이-메일 | bookland@hanmail.net

책임편집 | 김인옥
기   획 | 전은경
교   열 | 서정랑

ⓒ 김태현, 2025, Printed in Korea
저자와의 협의하에 인지를 생략합니다.

ISBN 979-11-7155-128-6 03810
ISBN 979-11-7155-129-3 05810 (E-book)

값 13,000원

한국현대수필 100년
사파이어문고 ㉕

햇볕과 바람을 맞아 잘 익은 사과처럼

우리 부부 결혼 45주년 홍옥혼을 맞아
부끄러움 무릅쓰고 용기 내어 쓴 글

자전적 생활수필

김 태 현

북랜드

머리말

"햇볕과 바람을 맞아 잘 익은 사과처럼 붉은 보석의 자태로 아직은 남아있는 열정을 발산하기에 충분하다"라는 홍옥혼紅玉婚, 우리 부부 결혼 45주년을 맞아 인연이 있는 사람, 좋아하는 사람, 고마운 사람, 그리고 미안했던 사람을 초청해서 고마움과 은혜에 보답하는 마음을 전하고자 '25년 10월 20일 '리마인드웨딩'을 준비한다.

지금까지 살아온 날을 되돌아보고, 가족과 함께한 시간과 많은 만남의 추억을 기록으로 남겨 선물할 수 있으면 좋겠다는 생각에서 그동안 메모하고 보관했던 자료를 찾아 정리하면서 자전적 생활수필 형태로 글을 쓰게 된다.

무엇 하나 제대로 내세울 것 없는 부족한 삶을 살아온 사람으로 일상적인 생활을 바탕으로 지극히 개인적인 생각과 느낌을 어설프게 정리한 글이라 세상에 내놓기 무척 조심스럽고 민망하기도 하지만 부끄러움을 무릅쓰고 용기를 내어 적어본 글이다.

2005년 아버님 돌아가시고 2006년 첫 기제사 때부터 부모님에 대한 그리움과 염원을 담아 부모님 영전에 축문을 올린다.

주변에 이야기했더니 요즘 세상에 흔치 않은 일이라며 그것을 책으로 엮어 후손에게 물려주면 좋은 사례가 될 것 같다고 권하는 바람에 집필 계기가 된다. 그동안 부모님 제사에 올린 글을 찾아서 '영전에 올린 축문'이라고 원본 그대로 편집을 했지만, 대부분 우리 가족의 일상과 집안 대소사를 적은 것이라 내용 전부를 공개하기는 부적합하다는 생각이 들어 일정 부분만 편집해서 수필집에 공개하고, 나머지 원본 자료는 자손들과 가까운 친척들에게만 제한적으로 공개할 수밖에 없을 것 같다.

　나이가 들어도 뭔가 목표를 정해 주도적으로 활력있는 삶을 사는 것이 좋겠다는 생각과 홍옥혼 리마인드웨딩을 염두에 두던 중에 우연히 동해안 해파랑길을 알게 되어 해파랑길 750km를 부부가 함께 완보할 수 있으면 멋진 이벤트가 되겠다는 막연한 생각으로 트레킹을 시작한다. 걷다가 보니 많은 생각을 정리하게 되고, 또 함께 걷는 아내에 대한 애정과 고마움을 더한층 느끼면서 애틋한 마음과 측은지심으로 사랑이 더욱 깊어진 것 같다.
　우리 부부의 소망은 이왕에 해파랑길을 완보했으니 지금 걷고 있는 남파랑길을 완보한 다음에 서해랑길도 도전해서 코리아 둘레길 4500km를 모두 완보했으면 하는 거다.
　이 책이 출간될 무렵('25.5.)에는 남파랑길 90코스 중 65코스 고흥 구간을 걷고 있으며, '26년도에는 남파랑길(1470km)을 완보할 수 있을 것 같다.

    그 사람의 뒷모습이 보이면 사랑이라고 했던가?
앞서 걸어가는 아내의 뒷모습이 정말 아름답다.
남편의 부족함을 아는 듯 모르는 듯 평온하게 살아온 그 모습이다.
비 맞으며 뒤따라오는 아내의 모습에는 측은함도 보인다.
가부장적 남편의 일방적 횡포에도 인내하며 살아온 아내의 모습이다.
곁에서 걷는 아내의 모습에는 동반자로서 배려심이 가득하다.
한 걸음 한 걸음마다 간절히 기도하는 듯한 모습도 얼핏얼핏 보인다.
함께한 여정은 43년을 살아온 우리 부부의 삶의 모습을 보여주는 듯하다.
걷는 게 힘들다며 매번 불평하면서도 끝까지 함께해준 아내의 모습처럼

                - 「해파랑길 750km를 완보하고 아내에게」 중에서

    지금까지 살아오면서 내 인생의 전환점은 과연 무엇이었는지를 분석하고 회고하며 깊이 성찰하는 기회가 되기도 한다.
    '자녀들에게 당부하는 글'로 내 속마음을 공개적으로 세상에 밝힘으로 유언장 비슷한 효과가 있기를 바라는 뜻도 전한다.
    평소 살갑지 못하고 또 잔소리로 들릴까 주저했던 말을 '우리 집 풍습과 전통' '삼형제 이야기' '우생마사의 지혜'를 통해 자녀들에게 그 의미를 들려주기도 한다. 또 어렵고 부담스럽게 인식

된 사돈댁과 관계를 '사돈댁과 만남'이라는 글로 소개하면서 자랑도 하고 사돈분들께 고마운 마음을 전하는 기회도 얻는다.

글을 쓰다 보니 가족에 대한 소중함을 더욱 느끼게 되고, 지난날 부족하고 잘못된 일에 대한 후회와 성찰을 다시 한번 하게 된다.
초고를 마치고 1차 교정은 아들, 사위, 딸, 며느리에게 당부함으로 글 내용을 자식들이 사전에 충분히 숙지하도록 해서 나름대로 의도한 메시지를 먼저 전달하는 효과도 얻을 수 있었다.
살아오면서 인간적 배려보다 옳고 그름만을 따져 상대를 힘들게 한 적도 있었을 거고, 또 나 자신에겐 무한 관대하면서 타인에겐 엄격하기도 했을 거다. 그동안 부족하고 잘못한 점은 외면하고 포장할 수밖에 없었음을 양해하시길 바란다. 또 나를 중심으로 지난날을 되돌아보며 기록한 것이라 기억의 한계도 있으리라 여겨진다.

'돌아보니 모든 것이 은총이었다'라는 말처럼 정말 운이 좋아 은총 속에 잘살았다는 생각이 든다. 글 중에 내가 준비하고 계획했다고 표현은 하지만 이 또한 포장일 뿐 누군가의 도움이 없었거나 시운時運이 맞지 않았다면 아무것도 할 수 없었을 거다.

아내의 건강과 가족의 행복을 빌면서
2025년 5월 김 태 현

차례

■ 머리말 · 5

제1부 신상身上에 관한 이야기

아내와 결혼하기 전까지 이야기 · 15
오늘 퇴임식이다 · 18
첫영성체 소감문 · 20
사전연명의료의향서를 등록하면서 · 24
고희연을 맞으며 · 26
계묘년을 보내며 · 28
내 인생의 터닝포인트는? · 30

제2부 우리 가족 이야기

신접살림 8개월부터 '88년 아내 재취업 때까지 · 43
부부의 날을 맞으며 1 · 49
부부의 날을 맞으며 2 · 51
해파랑길 750km를 완보하고 아내에게 · 53
고희를 맞는 아내에게 · 56
아내에 대한 회고 · 58
아들 결혼식에서 주례사 대신에 당부한 말 · 61
세상에서 가장 소중한 딸에게 · 64
손녀 첫돌을 맞아 · 67
행복한 데이트 · 69

일상의 행복 · 71
엘리사벳에게 · 75
'김 변'과 '김 작'을 위하여 · 77
잠결에 손녀의 '라떼' 훈시를 들으며 · 79
손주들 백일에 금반지를 선물하면서 · 81
자식들에게 당부하는 글 · 83
아들과 함께 지리산을 종주하다 · 87
가족 감사패를 받고 나니 · 92
고회부처아녀손高會夫妻兒女孫 · 94
우리 집 풍습과 전통 · 96
형제들에 대한 회고 · 105

제3부 영전에 올린 글

사부곡 · 115
아버님을 추모하며 · 117
어머니를 그리며 · 119
아버지의 모습 · 122
요양보호사를 준비하며 · 125
할아버지와 할머니를 그리워하며 · 128
숙모님 묘지 앞에서 · 131

제4부 신변잡담

삼 형제 이야기 · 135
'우생마사牛生馬死'의 지혜 · 138

서재에 있는 액자 이야기 · 140
소백산 · 144
애미가愛美家 · 146
일출과 동시에 십자고상에 비친 아침 햇살의 신비 · 148
겪어보지 않으면 모른다 · 152
자형과 통화하고 나서 · 157
막내처남에게 책을 선물하면서 · 160
코로나 팬데믹을 겪으며 · 162
꾸지뽕잎 차 · 164
추석 단상 · 166
애마를 보내며 · 168
표고버섯 · 170

제5부 만남

사돈댁과 만남 · 175
은사님과 만남 · 180
노조창립기념행사 참석 · 184
만추에 서울 나들이 · 186
거제 모임 참석자 삼행시 · 191
유붕자원방래有朋自遠方來 · 196
정동진 겨울여행 · 198
친구야! 보고 싶다 · 199

제6부 부부가 함께 걷고 보고 담은 글

해파랑길 750km를 완보하다 · 203
- 해파랑길 시작은 · 203
- 해파랑길 일정 계획은 · 205
- 해파랑길 준비는 · 206
- 해파랑길 1차 트레킹(부산 구간) 여정 · 207
- 해파랑길 2차 트레킹(울산 구간) 여정 · 213
- 해파랑길 3차 트레킹(경주-포항 구간) 여정 · 218
- 해파랑길 4차 트레킹(손주들과 함께 구룡포-호미곶 구간) 여정 · 222
- 해파랑길 5차 트레킹(포항 구간) 여정 · 225
- 해파랑길 6차 트레킹(포항 구간) 여정 · 228
- 해파랑길 7차 트레킹(영덕-칠포 구간 역방향) 여정 · 231
- 해파랑길 8차 트레킹(영덕-울진 구간) 여정 · 234
- 해파랑길 9차 트레킹(삼척-울진 구간 역방향) 여정 · 240
- 해파랑길 10차 트레킹(삼척-동해 구간) 여정 · 248
- 해파랑길 11차 트레킹(강릉 구간) 여정 · 253
- 해파랑길 12차 트레킹(양양-속초 구간) 여정 · 260
- 해파랑길 13차 트레킹(고성 구간, DMZ 평화의 길) 여정 · 268
- 해파랑길 총정리 · 275

제주 여행과 한라산 등정 · 277
성지순례 · 286
운탄고도1330을 완보하다 · 289
- 1차 트레킹(1~3길) 여정 · 290
- 2차 트레킹(4~6일) 여정 · 296

■ 에필로그 · 302

제1부

신상身上에 관한 이야기

아내와 결혼하기 전까지 이야기

나는 '광산 김씨 양간공후 밀직부사공파' 36세손으로 '설월당 김부륜'의 14세손, 계암 김영(『수운잡방』(국가보물2134호), 『계암일록』의 저자)의 13세손으로 신묘년 섣달에 경상북도 안동에서 6남매 중 맏아들로 태어난다.

안동 예안(지금은 와룡면 군자마을) 출신 한학자이셨던 조부님의 셋째 아들인 아버님의 장남이지만 그때까지 슬하에 11남매(8남 3녀)를 둔 조부님이 장손을 보지 못하다가 첫 손자로 태어난 탓에 경제적으로 그렇게 부유하지는 못했지만 온 집안의 관심과 사랑을 독차지하며 유년기를 보냈다고 한다.

아버님은 안동 임하 출신 동래정씨 가문의 갑자생 동갑인 어머님과 17세에 결혼하고 2년이 되었을 때 일본에 강제징용으로 끌려가셨다가 해방 후 돌아와서 한국동란 때는 숙부(아버지 둘째 형)의 좌익활동으로 온갖 고초를 겪으며 살아온 그 시대의 상징적 삶을 사신 분이라 할 수 있다.

아버님 여덟 형제 중에 백부는 일본에 가셨다가 해방되고 한참을 지나서 귀국하고, 아버님 아래 숙부 두 분은 국군에 입대해서 한 분은 전사하고, 다른 한 분은 전쟁이 끝나고 만기 제대한다. 끝으로 숙부 세 분은 어머님이 시집온 다음에 할머님이 낳으셨다고 하는데 막내 숙부와 나는 2살 터울로 학교는 1년밖에 차이가 나지 않는다.

외가는 친가보다는 조금 여유가 있는 집안이라서 외조부님이 안동 시내에 번듯한 기와집을 지어주시어 어린 시절 우리는 그곳에서 살았던 추억이 있다.

어머님은 5남매(4녀 1남) 중 장녀로 외삼촌은 한 분뿐이셨는데 그분도 한국전쟁으로 국군에 입대하기 전에 딸 하나만 두고 전사하셨다. 외조부님 슬하에는 손자가 없다가 내가 초등학교 다닐 무렵에 전사한 아들(외삼촌) 몫으로 외가 먼 친척 중에 해병대 복무 중이던 외사촌 형님을 입양한다. 그래서인지 어릴 적에 외할머니가 유독 나를 이뻐하고 사랑을 많이 주셨다.

취학 전에 언젠가 외가에 가서 자는데 외할머니가 나를 꼭 안으면서 '내가 죽으면 네가 내 제사를 지내 줄라나?' 하고 물으시던 말씀이 아직도 생생하다.

　아내는 경북 의성에서 김해김씨 69세손, 대제학공파 19세손으로 장인은 의성군 공무원이셨으며 경북 청송 출신인 파평윤씨 장모와 슬하에 6남매 중에 오빠 둘과 언니, 남동생 둘 사이에 갑오년 섣달에 태어난다.

　1976년 3월에 안동시청 공무원으로 초임 발령받은 나는 1년 앞서 임용된 아내와 처음 만나게 되어 1979년 1월에 한국도로공사에 입사한 후에 1980년 10월에 결혼한다.

오늘 퇴임식이다

한국도로공사에 '79년 1월 12일 입사해서 28년여 성상을 보내고 오늘('06.12.16) 퇴임식을 분에 넘치게 성대하게 했다. 정년 퇴직도 아닌 희망퇴직자가 퇴임식을 하는 경우는 매우 드문 사례다.

집에서 1호차를 타고 아내와 함께 사무실로 가서 도열한 직원들의 환송을 받으며 연단에 올라 퇴임 인사를 마치고, 태어나서 가장 많은 꽃과 공로패, 기념품, 행운의 열쇠도 여러 개 받는다.

또 내일은 후배직원들이 대구 전자컨벤션센터에서 퇴임 환송연을 거창하게 준비한다고 한다. 우리 가족 4명이 모두 환송연에 참석해서 답례할 계획이다.

오늘부터 12월 31일까지 보름 동안은 공식적으로 실업자이다. 내년 '07년 1월 1일부터 현실업 대표로 한국도로공사 북대구영업소에서 외주업무를 시작한다.

지금까지는 한국도로공사 직원으로 근무만 잘하면 급여를 꼬박꼬박 받는 봉급생활자였다면, 지금부터는 직원을 직접 고용해서 급여뿐만 아니라 안전과 각종 보험까지 무한책임을 져야 하는 사업자로 신분이 바뀌기 때문에 지금까지와는 전혀 다른 마음가짐과 각오로 일하지 않으면 안 된다.

내일부터 당장 사업자 등록을 해야 하고, 직원채용 공고, 외주업무계약체결, 또 일정을 잡아 50명이 넘는 직원면접과 채용절차 진행 등 업무 개시일까지 불과 보름밖에 남지 않아 경황이 없다. 그렇지만 차곡차곡 준비해 나가면 모든 게 잘될 거라 믿으며 한국도로공사 직원으로서 마지막 날을 보낸다.

첫영성체 소감문

2009년 8월 15일 성모승천대축일에 세례를 받았다. 본명은 '스테파노'로 김수환 추기경 본명과 같고, 스테파노 성인은 최초 순교자이시다.

세례받던 날 누님은 두꺼워 들기조차 힘든 성경책을 사서 가슴에 안고 어린 손녀와 함께 축하해 주려고 멀리서 왔다. 아내는 '안젤리까' 딸은 '세레피나' 우리 가족은 성가정이다.

아래 글은 교리를 지도한 수녀님의 간곡한 부탁으로 첫영성체 한 느낌을 8월 16일 삼덕성당 교중미사에 수백 명의 성당 교우들 앞에서 발표한 소감문 내용이다.

찬미 예수님!

저는 지난 2월부터 수요일 저녁 반에 효경수녀님께 예비교리를 배우고 어제 세례를 받은 김태현 스테파노입니다.

첫영성체 소감발표를 하기에는 이순을 바라보는 적지 않은 나이라서 무척 부담도 되고 망설였습니다마는 이것도 신앙 체험이고 실천이라는 각오로 이 자리에 서게 되었습니다.

저는 29년 전 결혼식 전날 '관면혼배'를 하기 위해 의성성당에 처음 갔습니다. 이런 연유인지는 모르지만, 평소 성당에 대한 막연한 동경심과 경외심을 갖고 있었으며 지난해 제 여식 세라피나의 세례와 김수환 추기경님의 선종에 감명을 받아 스스로 삼덕성당에 교리신청을 하게 되었습니다.

교리를 배우면서 지금까지 제가 갖고 있던 상식으로는 이해가 되지 않는 '3위 일체'라든가 '기도문 중의 어떤 내용'에 대해서는 많은 의문을 갖기도 했습니다마는 '하느님께서는 진리의 근원이시며, 그르침이 없으시므로 계시하신 진리를 교회가 가르치는 대로 굳게 믿나이다.'라는 삼덕송을 암송하며 믿음의 길을 찾으려 노력하고 있습니다.

성지순례 때 베네딕토수도원에서 수사님들과 함께 미사를 드리면서 '저분들은 신앙이 삶의 전부일 수도 있는데, 나는 신앙을 생활 속에서 잠시 여유를 찾는 방편으로 혹은 생활에 위세를 부리기 위한 허영은 아닐까?' 하는 생각이 들어 자신을 되돌아보기도 했습니다.

또 연세가 무척 많으신 수사님의 '요즘 세상의 혼인 세태에 대한 잔디밭 강론'은 우리 부부가 29년 살아온 지난날을 잠시 되돌아보게 하기도 했습니다.

이런저런 연유로 우리 부부는 제가 세례를 받기도 전인 '8월 7일부터 9일까지 제269차 ME주말'에 다녀왔습니다. 그 때문에 8월 9일 본당 예비자 일일피정에는 참석하지 못해 아쉬움이 컸습니다마는 'ME주말'은 정말 보람이 있었고 감동을 많이 받은 2박 3일간의 소중한 체험이었습니다.

앞으로 '가정이 작은 교회이다' '사랑은 결심이다'라는 'ME정신'을 실천하려고 합니다. 특히 직장생활에 바빠 오랜 기간 냉담했던 제 아내 안젤라까가 ME주말에서 성사를 보게 되어 우리 가족은 이제 명실상부한 성가정이 되어 더욱 감회가 깊습니다.

개인적으로는 이렇게 공개적으로 'ME체험'과 '성가정'이라고 발표하게 되어 교회활동에 대한 두려움과 'ME부부'로서 주변의 시선을 의식하지 않을 수 없어 무척 부담도 됩니다.

그러나 다른 한편 이런 부담감이 제 신앙과 사랑을 실천하는 촉매제가 되리라 확신하기도 합니다.

어제 첫영세 받은 47명은 믿음에 대한 서약만 하였을 뿐 앞으로 그 결심과 약속을 어떻게 실천해야 할지 두려움이 큽니다.

형제자매님들의 많은 보살핌과 기도가 절대 필요하다고 봅니다. 저희를 위해 많이 기도해 주시길 바랍니다.

그동안 저희에게 교리를 가르쳐 믿음의 길로 인도해주신 신부님과 수녀님, 봉사자님들 그리고 영세를 축하해 주신 모든 분께 진심으로 감사의 인사를 드립니다. 감사합니다.

2009년 8월 16일

김태현 스테파노 드림

사전연명의료의향서를 등록하면서

어제('19.2.21) 건강보험공단에 가서 우리 부부는 '사전연명의료의향서'를 등록했다.

아직은 죽음이 남의 일같이 느껴지지만, 만약 예기치 않은 사고를 당하거나 천수를 누리더라도 마지막 순간에 가족들에게 부담을 주는 것은 좋지 않다는 생각과 또 의미 없는 연명 치료로 사회적 부담을 가중하는 것도 바람직하지 않다는 데 부부가 서로 의견일치되어 심폐소생술, 인공호흡기, 혈액투석, 항암제 투여 등 연명의료중단을 등록했다.

지난해에 '사전연명의료의향서'를 건강보험공단에 본인이 직접 등록할 수 있도록 관련법이 개정되었다. 사전 등록이 없는 경우에는 배우자와 직계가족 전원의 명시적 동의가 있어야 연명의료중단이 가능하다고 한다. 만약 이런 경우에는 가족들이 연명 치료를 중단했다는 죄책감이 생길 수도 있고, 또 가족 중 한 사람이 장기외유라도 있는 경우에는 절차상 까다로울 수도 있겠다 싶어 일찌감치 등록하기로 한다.

건강보험공단을 직접 찾아가서 아내와 함께 사전연명의료의향서를 등록하고 나니 삶과 죽음에 대한 생각도 약간 다르게 느껴지는 것 같다.

십여 년 전에 사후 장기기증도 신청했기 때문에 사는 동안 건강하고 깨끗한 육신으로 살다가 언젠가 삶이 끝나는 순간에 필요한 사람에게 내 육신의 일부(특히 안구)라도 기증이 되어 새로운 희망이 되었으면 하는 마음이다.

인명人命은 재천在天이라도 육신肉身 관리는 내 몫임을 명심해서 건강관리에 더욱 유념하게 되는 날이기도 하다.

고희연을 맞으며

음력으로 '20년 12월 내가 태어난 지 만 70년이 되는 날을 기념하고 축하하기 위해 가족들이 주말을 택해 고희연 행사를 한다.

인생칠십고래희人生七十古來稀라고 옛날에는 70세까지 사는 게 드문 일이었지만, 요즘에는 100세 시대가 대세인지라 큰 의미를 두지도 않고 대부분 행사도 하지 않는 사회적 분위기인 것 같다.

나 역시 이런 분위기에 공감하고 있어 10년 전 회갑연도 집안 행사가 아닌 대구역 앞 '요셉의 집'에 가서 가족들이 함께 급식 봉사하고, 집안 행사비만큼 '요셉의 집'에 후원하고, 또 빵을 사서 배식받는 분 모두에게 나눠주는 것으로 회갑연 행사를 했다.

이번 고희연 행사도 이런 연유와 함께 코로나 때문이라는 핑계로 직계가족 이외에는 아무에게도 연락하지 않고 조촐하게 전원주택에서 식사하는 것으로 한다.

행사 중 최고의 백미는 '열정 가득했던 김태현 70년'이라는 현수막과 손주들 재롱 속에 함께 찍은 사진이다.

생일 때마다 농담 삼아 '생일에 정말 축하받고 위로받아야 할 사람은 생일 당사자가 아니라 자신을 낳고 길러준 부모님이 아닐까?'라고 했던 말을 다시 새겨본다. 70년을 살아오면서 부부가 이렇게 함께 건강하고 자식들 모두 사이좋게 잘 지내고, 손주들 축하와 재롱 속에 고희연을 맞는다는 것은 축복이고 은총이라는 생각이다.

나는 수년 전부터 내가 태어난 날 못지않게 부부가 만나 결혼한 날도 중요하다는 생각에서 결혼기념일을 중요시한다. 우리 부부 결혼 45주년 홍옥혼 때에는 뭔가 기념이 되고 의미 있는 행사를 했으면 한다.

우리 부부가 45년간 살아오면서 인연이 있는 사람, 고마운 사람, 좋아하는 사람, 미안했던 사람을 초청해서 감사 인사와 함께 식사라도 한 끼 대접했으면 한다.

그 시기('25년 10월 20일)에 맞춰 우리가 살아온 이력과 만남을 기록에 담아 나눠줄 수 있으면 더욱 좋을 것 같다.

계묘년을 보내며

　세월 속에 세수歲首 칠십삼 년을 앞두고 보니 일상의 여유로움에 감사할 뿐이다. 손주들 만나는 기쁜 시간을 제외하고는 오늘이라는 하루가 대부분 여유로움과 함께한다.
　무얼 하든 종심소욕從心所慾 마음이 내키는 대로 하면 된다. 마누라 잔소리, 자식들 걱정 외에는 아무것도 거칠 게 없는 자유로움이다. 하고 싶은 것 하면 되고, 가고 싶은 곳 가면 되고, 먹고 싶은 것 먹으면 된다. 일상의 여유로움과 삶의 질이 옛날 왕후장상도 이보다 좋았으랴?
　인생칠십고래희人生七十古來稀 흔하지 않은 나이에 이렇게 여유를 즐기며 자유를 만끽할 수 있다니 얼마나 은혜로운 일인가? 인생백세고래희人生百歲古來稀가 대세인 요즘 인생칠십고래희人生

七十古來稀 두보의 시구는 무색한 지 오래다.

　매스컴에 노인들 파렴치범을 보노라면 종심소욕불유구從心所慾不踰矩 논어의 글귀가 민망하게 읽히는 작금의 세태를 사는 칠십 대 초반의 중년(?)이다.

　각설却說하고
　지난 시간보다 남은 시간이 많지 않은데 마냥 여유만 부리고 유유자적할 수는 없지 않은가?
　갑진년 새해 다시 한번 각오를 새롭게 한다.
　배우고 싶은 것 열심히 배우고, 건강을 위해 운동 열심히 하고 보고 싶은 친구 만나 회포도 풀고, 후회되는 일 성찰하고 기도 많이 하면서 어려운 이웃을 위해 나눔과 봉사를 할 수 있으면 더욱 좋겠다.
　매사에 집착하지 말고 말수와 참견은 줄이고 탐욕은 더더욱 버리고 역지사지易地思之와 측은지심惻隱之心으로 주변을 이해하고, 용서하고, 사랑하고, 겸양하게 살아가도록(이·용·사·겸)을 새기며 실천하는 새해가 되었으면 한다.

내 인생의 터닝포인트는?

"살다가 보면 누구에게나 기회가 주어지기도 하고, 어려움이 있을 수도 있다고 한다." 그렇다면 내 인생의 터닝포인트(전환점)는 과연 언제 무엇이었는지 정리해 본다.

우선 노동운동을 시작하면서 다양한 업무 경험과 인적 네트워크로 사회적 안목을 키울 수 있었지 않나 생각한다.

'87년 6월 민주항쟁으로 노태우 정부가 들어서고 민주화 바람이 불면서 공기업에도 노동조합이 태동하기 시작해서 한국도로공사에도 '87년 7월 25일 노동조합을 설립한다.

당시 나는 '79년 1월에 공채 입사한 공무원 경력을 가진 8년차 평사원이었는데 입사 당시부터 직장 분위기가 군사 문화적이고, 공무원 조직보다 소통이 불가한 수직적 관계에 길들여진 조직이라는 느낌이 들었다. 한국도로공사라는 대외적 인식에 대해 회의감을 느끼며 크게 실망하고 고민을 하던 차였다.

'80년 초에 직원들이 노동조합 설립을 추진하다가 강제 해산되고, 노조설립에 참여했던 일부 직원은 엉뚱한 사유(?)로 해고되기도 한 경직된 공조직이었다.

이런 조직 분위기에서 노동조합 경북지부를 설립하고 노동운동을 한다는 것은 모험이고 무모한 도전이었다. 만약의 경우 회사를 그만둘 수도 있다는 각오로 아내에게 "지금 내가 노동운동을 한다는 것은 참 무모한 일이다. 그렇지만 최소한 직원들의 어려움을 전달하는 역할만이라도 할 수 있으면 만족할 것 같다."라며 양해를 구한다. 혹시 어려운 일이 생기면 당신이 혼자서 모든 걸 감당해야 한다며 하소연 겸 으름장을 놓기도 했다. 그런데 아내는 당시에 아무런 생각 없이 듣고만 있었다고 한다.

'88년 8월 5일 한국도로공사 경북본부에 경북노조지부(현재/대구경북노조지역본부)를 설립하고 선거를 통해 초대 지역위원장으로 선출되고 취임하면서 노조 전임근무를 시작하게 된다. 이렇게 시작한 노동운동이 초대, 2대 경북지역위원장과 3대 중앙집행부 수석부위원장을 역임하면서 '96년 7월 25일까지 8년 동안 노조전임자로 활동한다.

노조전임기간에 도공 사장이 3번 바뀌고, '94년부터 '영업소대책위원장'을 맡아 노사교섭을 총괄하게 된다. '95년 5월 27일

노사화합 선포식 노측 대표 참석('94. 3.)

'톨게이트시스템 기계화 도입'과 '영업소 외주화 도입'으로 고속도로 하이패스의 제도적 기초를 마련하고, 영업소 관리인력 직급 향상으로 당시 상상하기 어려운 조건으로 수백 명을 승진시킨다. 또 영업직 사원이 지사장, 본부장까지 승진할 수 있는 기틀을 마련했으며, 임기를 마치고는 '퇴직금중간정산제' 도입에 실질적 주역으로 큰 성과를 내기도 한다.

당시 도공에는 '80년 이전 입사자와 '80년 이후 입사자로 퇴직금제도가 이원화되어 도공뿐만 아니라 정부에서도 어떻게든 '공기업퇴직금제도'를 일원화해서 누진제를 조정하지 않으면 안 되는 상황이었다.

노조 활동 인적 네트워크로 당시 노조위원장과 경영진의 암

묵적인 협조 속에 전국의 '80년 이전 입사자에게 서면 동의서를 받아 '명예퇴직제도조건향상'과 '퇴직금중간정산제 도입'으로 퇴직금제도 일원화 도입에 크게 일조한다.

노동조합 내부적으로는 한국도로공사 노동조합 규약과 각종 규정의 기틀을 마련하고 재정비했다. 한때는 내 별명이 '김규약'이라고 불릴 정도였으니….

지역위원장 선거 두 번과 중앙집행부 선거 두 번을 치르면서 많은 경험을 쌓을 수가 있었고, 또 단체교섭을 통해 대화와 타협을, 대정부 투쟁을 하면서 우리나라 노동실태와 정부조직체계를 제대로 배운다. 구습을 타파하고자 의기투합했던 동지들과 전국적 규모의 모임을 결성해 지금까지 동지애를 과시하고 있다. 이렇듯 다양한 업무 경험과 많은 사람과 만남을 통해 일반 직장인으로는 쉽게 배울 수 없는 사회적 안목을 키운 게 아닌가 생각한다.

다음에는 마라톤을 시작하면서 체력을 강화하고 건강관리를 제대로 할 수 있었지 않나 생각한다.

노조 활동하며 제대로 건강관리를 하지 않아 체중이 90kg를 넘기도 한다. 현업에 복귀하면서 부서적응으로 스트레스도 받고, 어머니 돌아가시고 아버지가 혼자 고향에 계시는 집안 사정

등 여러 가지 복잡한 일이 겹친다. 그러던 어느 날 돌발성 난청으로 입원하게 되고 또 갑상선기능항진증까지 앓게 되어 체중이 급격하게 빠지고 체력이 떨어져 만나는 사람마다 왜 이러냐고 걱정하기에 이른다. 그래서 운동을 해서 체중을 줄인 거라고 너스레를 떨며 투병 사실을 숨겼지만, 민망함과 스트레스를 극복하기 위해 오기傲氣로 시작한 운동이 마라톤이다.

기회가 좋았던 게 아내 직장에서 5km 단축마라톤 대회를 개최하기에 부부가 함께 참여한 것이 전국부부마라톤클럽에 가입하게 된 계기가 된다.

그때부터 부마클(전국부부마라톤클럽), 대구마라톤클럽, 도공마라톤동호회 등에서 활동하며 체계적으로 마라톤을 배우고

춘천마라톤 풀코스 참가

신상에 관한 이야기

각종 마라톤대회에 출전해서 10km, 하프코스(21.095km), 풀코스(42.195km)를 여러 차례 완주한 기록을 갖게 되고, 아내도 하프코스 완주 기록을 갖게 된다.

전화위복이라고 건강이 나빠져서 체중이 빠지고 체력이 떨어진 상황이 도리어 40대 후반에 마라톤을 시작한 계기가 되어 즐기던 술도 5년간 단주하고, 건강관리와 체력을 강화한 전환점이 되지 않았나 생각한다.

마라톤과 함께 등산(대구등산학교 75기)도 체계적으로 배우게 된다. 체력과 담력을 키우기 위해 단양에 근무할 적에는 눈 덮인 소백산을 혼자서 새벽 3시에 천동지구를 출발해서 비로봉, 연화봉을 거쳐 희방사로 내려와 아침에 출근하기도 하고, 눈 덮인 지리산을 혼자서 뱀사골코스로 종주한 경험도 있다.

지금 생각해도 무모하고 위험한 짓이라고밖에 볼 수 없지만, 이런 경험과 오기가 70대에 해파랑길과 남파랑길을 부부가 트레킹할 수 있는 체력과 정신력의 바탕이 되지 않았나 싶다. 마라톤과 등산을 통해 생활 패턴이 바뀌고 담금질 됐다고 본다.

그다음에는 신앙생활을 하면서 감사함을 배우고, 영적 체험과 기도를 생활화할 수 있었지 않나 생각한다.

2009년 8월 15일 삼덕성당에서 본명 스테파노로 세례를 받는다. 바로 1년 전에 딸이 세례받는 모습을 보고 불현듯 성당에 다녀야겠다는 마음으로 스스로 예비교리를 신청하고, 또 세례받기 전이었지만 '09년 8월 7일부터 2박 3일 부부가 함께 ME부부피정도 다녀온다.

　세례를 받은 후에는 우리 집에 예수님 십자고상과 성모상을 모시게 되고, 부모님 제례도 천주교리와 전통제례가 충돌하지 않게 절차를 바꾼다. 결혼 후 냉담하던 아내도 성당에 열심히 다니게 된다. 외손자는 새벽 미사에 복사도 서고, 외손녀 역시 세례받고 사위와 딸, 사돈댁 모두 가톨릭 신자이시다. 아들과 며느리는 결혼 전에 예비교리 신청해서 결혼 다음 달 성탄미사전야에 세례 받아 우리 가족은 명실상부한 성가정이 된다.

　우리는 제사 때도 가족 모두가 함께 기도 드리며, 여행을 가도 미사 참배를 우선으로 계획 세우고, 식사 기도는 꼭 하고 있다. 특히 식사 후에 '저희에게 베풀어주신 모든 은혜에 감사합니다'와 '세상을 떠난 모든 이가 하느님의 자비로 평화의 안식을 얻게 하소서'라는 기도에는 그 의미를 깊이 새기며 주님께 감사함과 돌아가신 부모님의 영면을 위해 기도하는 것을 일상화하고 있다.

　어린 손주들이 고사리 같은 손으로 성호경을 그으며 함께 두 손 모아 기도하는 모습에는 세상의 아름다움과 주님의 은총이 느껴진다.

MEMarriage Encounter(결혼한 부부의 사랑을 위한 가톨릭교회 운동) 피정을 함께 다녀온 6쌍의 부부(12명)는 '09년 8월부터 지금까지 16년이 넘게 정기적으로 만남을 가지며, "가정이 작은 교회이다" "사랑은 결심이다"라는 'ME정신'을 실천하려고 하고 있다. 그 만남 속에서 각자의 깊은 신앙과 성숙해지는 부부의 모습을 보며 가족의 소중함을 새삼 배우고 느끼게 하는 ME브릿지다.

　　회갑연은 우리 가족 모두가 대구역 앞 '요셉의 집'에 가서 급식 봉사를 하고, 기부금도 내고 별도로 빵을 구매해서 오신 분 모두에게 나눠주기도 한다.

　　전원주택을 지어 입주했는데 거실에 모신 예수님 십자고상 정면에 매년 성탄을 앞둔 11월 10일 일출과 동시에 햇살이 비치고, 부활을 앞둔 3월 27일에는 십자고상 위 천장에 비치는 밝은 빛은 우연한 자연현상이지만, 주님을 섬기는 천주교인으로서는 신앙심을 더욱 굳게 하라는 주님의 은총이라 생각할 수밖에 없다.

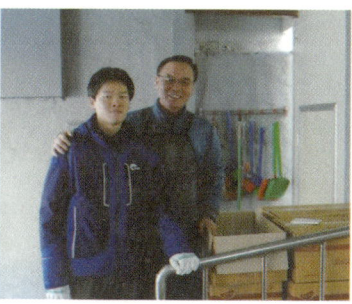

요셉의 집에서 급식 봉사하고 빵 전달하는 모습(왼쪽 사위, 오른쪽 아들)

돌아보니 모든 것이 은총이었다는 말처럼 모든 것이 은총이고 감사하다는 마음이 절로 생긴다. 신앙생활 하면서 감사하는 마음과 생활 속에 기도하는 습관을 익히지 않았나 생각한다.

마지막으로는 해파랑길을 걸으며 색다른 설렘을 느끼고, 홍옥혼을 준비하면서 살아온 인생을 깊이 성찰하고 회고한 계기가 되지 않았나 싶다.

'22.02.27~'23.04.26(1년 2개월) 13차례 43일 동안 아내와 함께 걸었던 750km 해파랑길은 최고의 명상이고 힐링이었다. 함께 걷는 아내의 모습이 참 아름답다는 걸 새롭게 느끼게 되고, 다른 한편 형언할 수 없는 안쓰러움과 측은지심으로 울컥하기도 했던 소중한 시간이었다.

언젠가부터 아내의 왼손을 잡으면 파르르 떨림을 느낀다. 소녀적 감성으로 설레는 떨림이라면 얼마나 좋을까? 때론 우울해하기도 짜증을 내기도 한다. 언제부턴가 양손에 스틱을 잡고 노르딕워킹으로 걷는 게 안정감이 있다고 한다. 그래서 우리 부부는 등산뿐만 아니라 산책을 할 때도 노르딕워킹이나 손을 잡고 걷는 게 일상이다. 이런 아내의 떨림이 나를 철들게 하고 있다. 지금까지 가부장적이고 일방적이었던 내가 이제야 아내의 말을 듣고 기다려 주려고 노력하고 있다. 항상 지금 같기만을 기도한다.

결혼 45주년 홍옥혼('25.10.20)을 준비하면서 살아온 날을 되돌아볼 수 있는 소중한 시간을 가질 수가 있었다.

결혼한 날을 기념해 의미 있는 분들을 초청해서 모셨으면 하는 생각으로 리마인드웨딩을 준비하면서 그동안 살아온 이력과 만남에 대해 정리하다 보니 인생을 더욱 깊이 성찰하고 회고하는 기회가 된 것 같다.

해파랑길 울산구간 쉼터에서

제2부

우리 가족 이야기

신접살림 8개월부터
'88년 아내 재취업 때까지

'80년 10월 20일 아내와 결혼한다. 결혼 전에 내가 살던 대구 시내 단칸방에서 신접살림을 시작한다. 그때 울산대학에 다니던 막냇동생이 대학입시를 다시 준비하고 싶다며 어렵게 부탁하고 아버지도 "네가 수고해주면 어떠냐?"고 말씀하신다. 그래서 출퇴근이 가능한 시골집을 찾아 방 두 칸짜리 셋방을 얻어 결혼 8개월째인 '81년 6월 20일부터 막냇동생과 동거를 시작한다.

당시 아내는 임신 3개월에 임신중독증으로 1주일에 한 번씩 병원 검진을 받아야 하고 입덧으로 식사를 제대로 하지 못하는 상태였다. 그렇지만 당시에는 이걸 거절할 심정적 여유도 명분도 허용되지 않던 시절이었다.

아내가 병원을 다녀오다가 입덧으로 시외버스에서 내려 길바닥에서 구토하고 주저앉았다는 말을 들으면서도 별일이야 있겠나 한다. 임신 6개월이 되는 9월 어느 날에 사무실로 옆집에서 아내가 위급하다는 전화가 와서 경찰 차량(당시 119구급대도 없고 자가용도 없던 시절) 협조를 얻어 경대병원으로 응급후송한다. 태아는 이미 유산되고 산모인 아내는 그나마 무사한 것이 천만다행이란다. 의사가 조금만 늦었거나 잘못되었으면 태아와 함께 산모도 위험했다고 한다. 지금 생각해도 아찔하다.

   아내는 건강을 회복하지 못한 상태였지만 입시가 코앞인 시동생과 남편 뒷바라지를 할 수밖에 없었다.

   그때까지 미혼이던 처형이 아내가 유산한 상황에 또 임신하게 되자 어떻게든 병원 가까운 곳으로 이사 가지 않으면 안 된다며 당시로선 거금(?)을 융통해 준다. 그래서 '81년 12월에 대구 시내에 아파트를 얻어 이사하게 된다. 그때부터 처형은 아내 건강이 염려되어 우리 집에 상주하다시피 하며 아내를 돌봐주고 동생까지 시중드는 수고를 한다.

   아내 유산 경험으로 항상 긴장의 연속인데 아내가 출산예정일보다 진통이 빨리 와서 늦은 밤에 병원으로 가서 새벽 5시에 출산한다. 예정일보다 1개월이 빨라 동산병원 신생아실 인큐베이터에 2주간 있다가 집으로 데리고 온다. 아내는 박애산부인과에서 다음날 퇴원하고 산후조리도 하지 못한 상태로 딸을 키우는데 얼마나 잘 먹고 무럭무럭 잘 자라는지 그저 신기할 따름이었다.

그 와중에 아파트 청약한 것이 당첨되어 '83년 3월에 본리동 주공아파트에 입주하고 그곳에서 딸 첫돌에 집안 어른과 직장 동료, 친구들을 불러 집들이 겸 돌잔치를 한 추억이 있다. 지금은 미국 이민 간 친구가 그때 자가용이 있어 동대구역까지 집안 어른들 이동을 부탁했는데 본리동에서 동대구역까지 신호등 정차 없이 계속 주행했다는 소설 같은 체험담을 들려주기도 했다.

봉급 받아 아파트 대출금 내고 생활비 제하고 나면 금세 돈을 빌려 써야 할 형편이었다. 그래서 집에서는 저가담배(환희)를 피우고 출근할 때는 체면치레용으로 '청자' 담배를 주머니에 넣고 다니는 형편이었다. 언젠가 환희 담배가 너무 빨리 줄어들어 확인하니 아내가 머뭇거리며 시동생이 그 담배를 피운다고 한다. '83년 초 비 오는 날에 동생에게 담배를 끊으라고 했더니 곁에 있던 아내가 "당신부터 먼저 담배 끊고 동생한테 끊으라고 해야지."라고 타박하는 바람에 그때 사놓은 담배를 모두 버린 것이 지금까지 금연하게 된다. 그때가 딸이 태어난 지 1년도 되지 않았고 둘째를 임신한 지 3개월쯤 되었으니 금연 타이밍도 정말 좋았다.

언젠가 아내가 임신 중에 시동생 몰래 오렌지 주스를 한 병 사 먹은 것이 지금도 마음에 걸린다고 할 정도로 경제적으로 여유가 없었던 시절이다.

막냇동생이 2년쯤 같이 있다가 자취한다며 나가고 조금 지나서 둘째 출산 전이었는데 셋째 동생이 대구중장비학원에 다니겠다며 또 우리 집에 와서 9개월을 함께 생활하게 된다. 그 동생은 중장비면허증과는 전혀 상관이 없는 철도공무원으로 취업하게 되면서 우리 집을 나간다.

아내는 둘째 임신하고도 매주 병원 검진을 다녔다. 그날도 딸을 데리고 검진 갔다가 통증이 심해 바로 병원(가톨릭병원) 출산 대기실로 갔는데 딸을 업고서도 우리 딸 어데 있냐고 허둥지둥 찾을 만큼 경황이 없었다고 한다.

나는 근무 중에 연락을 받고 병원으로 가서 20개월 된 딸을 돌보고 아내는 이틀 진통을 겪은 다음에 둘째(아들)를 출산한다. 부모님께 손자 출산했다고 연락을 드리니 얼마나 반가워하시던지 당일로 어머님은 병원으로 오신다. 산모입원실 문을 열고 들어오시며 아내에게 "야~야~ 네가 수고했다."라며 그렇게도 좋아하시던 모습이 생생하다. 어머니는 아들 5형제를 낳았으면서도 오매불망 손자 타령이셨다.

어머니는 첫째 출산하고 제대로 산후조리 못 해준 게 미안했던지, 아니면 손자 낳은 게 좋아서 그랬는지는 몰라도 직장에 다니시던 아버지와 대학 다니는 넷째 동생을 팽개치고 2주 동안 아내 산후조리에 전념해주신다. 아내도 딸 낳고 산후조리 제대로 못 한 걸 보상이라도 받듯 무던하게 산후조리를 잘 한 것 같다.

'84년 6월에 부산으로 발령받으면서 다니기가 불편해 본리동 아파트를 처분하고 신천동으로 이사한다. 그곳에서 12년을 살며 딸, 아들 유년 시절과 초등 학창 시절을 보내고 아내도 '88년부터 재취업하여 신천4동사무소에 오랜 기간 근무한 곳이라 추억이 많다.

본리동 살 때는 우리 집에 시댁 식구들이 같이 있었다면 신천동으로 이사 와서는 처가댁 사촌 처남이 대학입학으로 6개월, 사촌 처제도 취업으로 2개월 정도, 군 제대한 막내처남도 취업 문제로 상당 기간을 함께 생활한다. 물론 이때도 처형이 자주 들러 조카들 돌봐주고 집안일도 많이 도와준다. 그래서 아내는 여유가 생겼는지 재취업할 생각도 한 것 같다.

살다가 보면 항상 어려운 일만 있는 것이 아니라 어느 순간 그것이 계기가 되어 예상치 못한 좋은 일도 생길 수 있다는 걸 느끼게 한다.

딸의 유아원 운동회날

아들, 월포해수욕장에서

우리 가족 이야기

부부의 날을 맞으며·1

여보!
사랑합니다.
다시 태어나도 당신만을 사랑합니다.

1976년 4월 어느 날 당신을 처음 봤을 때
당신의 맑은 얼굴은 백의의 천사였습니다.
지나치는 당신의 작은 호의에도 나는 형언할 수 없는
희열과 사랑을 느끼고 온 세상을 다 얻은 것만 같았습니다.

엉뚱했던 시절 미꾸라지 미끼 사서 어부 노릇도 하고
야간열차 뿌연 연기 속에 당신의 모습을 뒤로하기도

눈보라 치는 외진 언덕에서 무작정 시골버스를 기다리기도
연안부두에서 마주앙 한잔에 정신이 혼미해지기도 했습니다.

'욕봤다'고 하던 마산할매의 거친 사투리가 정겹게 들리고
부산에서 음산한 느낌마저 들던 낡은 적산가옥도 둘러보고
동해안 어촌 약국에서 헛고생만 하고 돌아올 뻔했던 추억도
부산역 플랫폼에서 별리의 아픔을 가슴 깊이 새겨도 봤습니다.

당신이 응급 치료받고 있을 때도 나는 전혀 알지 못하고
당신이 마음고생 할 때도 나는 내 생각대로만 한 것 같고
당신에게 배려하고 양보하기보다는 무조건이었던 것 같습니다.
무엇 하나 제대로 내세울 것 없는 보잘것없는 사람이었습니다.

부부의 날을 맞으며·2

여보!
사랑합니다.
다시 태어나도 당신만을 사랑합니다.

1980년 10월 20일 우리는 같은 시간, 같은 자리에 나란히 서서 검은 머리 파뿌리 될 때까지 아끼고 사랑할 것을 맹세했습니다. 내게 가장 큰 행운은 당신을 만나 당신을 아내로 맞이한 것이며 가장 큰 축복은 우리 딸과 아들이 아무 탈 없이 잘 자라준 것입니다.

사노라면 때로는 마음에 없는 말을 하기도 하고 다투기도 하면서 그렇게 사는 것이 인간사가 아닌가 하는 생각이 들기도 합니다.

별난 남편 만난 탓이려니 생각하고 모든 것 너그럽게 참아주시기를
아버님 봉양으로 힘들어하는 당신에겐 미안함과 안타까움뿐이라오.

가정의 달 5월에 둘에서 하나가 된다는 21일 부부의 날을 맞아
이제 우리 두 사람이 진실로 큰 하나가 되기 위한 과정이라 여기며
당신의 너그러움으로 나의 성급함을 다독여 주시기를
나의 섬세함으로 당신의 감성이 더욱 아름다워지길 바라는 마음을 담아 함께 21.0975km를 달리고 한라산 백록담을 오른 것만으로는 부족하고 보스턴을 함께 달리고 킬리만자로의 만년설도 함께 오를 수 있기를….

장모님 모시고 단양팔경 구경할 날이 며칠밖에 남지 않은 것 같습니다. 오랜만에 처가 식구들과 즐거운 시간을 함께 잘 보낼 수 있기를 바라며….

우리 가족 이야기

해파랑길 750km를 완보하고 아내에게

동해안 곳곳이 명소 아닌 곳이 없고 절경 아닌 곳이 없다.

전설이 깃들지 않은 곳이 없고 사연이 없는 곳이 없다.

이런 비경의 해파랑길을 부부가 함께 걷는다는 게 얼마나 행복한 일인가?

부부가 같은 방향 같은 목적으로 함께 걸으면서 동해의 푸른 바다와 파도 소리를 들으며 지금까지 살아온 인생 여정을 뒤돌아보기도 한다. 걸어왔던 매 순간이 회한과 감사와 사랑이 함께 한 소중한 순간이다.

함께했던 해파랑길 750km는 최고의 명상이고 힐링이었다.

〈그 사람의 뒷모습이 보이면 사랑이라고 했던가?〉

앞서 걸어가는 아내의 뒷모습이 정말 아름답다. 남편의 부족함을 아는 듯 모르는 듯 평온하게 살아온 그 모습이다.

비 맞으며 뒤따라오는 아내의 모습에는 측은함도 보인다. 가부장적 남편의 일방적 횡포에도 인내하며 살아온 아내의 모습이다.

곁에서 걷는 아내의 모습에는 동반자로서 배려심이 가득하다. 한 걸음 한 걸음마다 간절히 기도하는 듯한 모습도 얼핏얼핏 보인다.

함께한 여정은 43년을 살아온 우리 부부의 삶의 모습을 보여주는 듯하다. 걷는 게 힘들다며 매번 불평하면서도 끝까지 함께해준 아내의 모습처럼….

건강이 더 나빠지지는 말고 지금 같기만을 바라는 간절한 소망과 아름답게 익어가는 부부가 되기를 바라는 마음을 담아 아내에게 바친다.

경주 양남 주상절리 파도소리길을 걷는 아내의 뒷모습

고희를 맞는 아내에게

　당신을 만나 결혼한 지 43년이 조금 넘은 날입니다. 신사임당을 닮았다는 그 모습 그대로입니다. 설중매를 좋아하는 지고지순함이 더욱 돋보이기도 합니다. '인생칠십고래희' 70년을 살았으니 어찌 귀하고 귀하지 않으리오.

　그동안 당신과 함께했던 세월이 참 고맙고 행복했습니다. 딸, 아들 남부럽지 않게 반듯하게 잘 키웠을 뿐만 아니라 아들보다 착하고 예쁜 며느리, 능력 있는 박사 사위까지 얻고 금쪽같은 예쁜 손주들 3명의 재롱까지 더해진 이 은총에 어찌 감사하고 만족하지 않을 수가 있겠소?

　모두가 당신의 헌신과 희생이 있었기에 가능했다고 봅니다.
　공무원 정년퇴직한 워킹맘으로 얼마나 노고가 많았겠습니까?

칠순을 맞는 당신께 감사와 존경의 의미로 큰절을 한번 올리겠습니다.

정말 감사하고 감사합니다. 항상 오늘만 같기를 바랍니다.

요즘 건강이 좋지 못해 많이 힘들겠지만 그래도 이만한 게 다행이라고 여겨주시길 바랍니다. 그래도 힘이 들면 손주들 생각하면서 열심히 걷고 이겨내시기를….
당신은 충분히 이겨낼 수 있는 인내와 의지가 있다고 봅니다.
떠나는 뒷모습이 아름다운 사람으로 좋은 부모로 추억되길 바라며 항상 좋은 것 아름다운 것만 생각하며 함께 걷도록 합시다.

아내에 대한 회고

아내는 구태여 나를 이기려 하거나
이견을 내며 억지로 고집을 부린 적이 없다.
그러나 어느 순간 시간이 지나고 보면
아내가 의도한 대로 집안일이 이루어지는 경우가 참 많다.
놀라운 처세술이다.
말은 내가 이기는 듯해도
모든 게 아내 뜻대로 이루어지고 있으니
참 이상한 일이다.
아내는 화를 잘 내지 않는다.
화가 나는 경우 그냥 입을 닫고 있을 뿐이다.
잔소리도 거의 하지 않는다.

우리 가족 이야기

필요한 경우 그냥 지켜보며 기다려 준다.

언젠가 마트에 가서 고등어를 사고 손녀에게 그 과정을 이야기해주면서 내가 착오해서 아내가 말한 내용과 다르게 주장하고 타박을 줬는데도 영수증만 보여주면 금세 확인되고 나를 무색하게 할 수도 있었을 텐데 묵묵히 듣고만 있다가 나중에 내가 그 영수증을 보고 민망해하니 '성질은?' 하고 핀잔 주는 게 전부다.

여학교 때 선생님이 '신사임당'이라고 별명 지은 의미를 알 것 같다. 의지는 굳고 맡은 일은 말없이 묵묵히 하는 사람이다.
잔소리나 투정도 별로 없지만, 자랑도 할 줄 모르고 애교는 기대하기 어렵다. 그 때문에 답답해서 자기 PR 시대에 왜 그러냐고 책망한 적이 있을 정도다.

아내는 여러모로 나보다 훌륭하다.
아들은 엄마 성격을 닮았는지
'화를 왜 내느냐?'고 반문할 정도다.
역시 자랑도 할 줄 모르고
고집은 있어 답답할 때가 있는 것 또한 매한가지다.

아들보다는 며느리가 더 빼어난 것 같고
딸보다도 사위가 더 빼어난 것 같다.
그래서 우리 집은 가화만사성家和萬事成이고
앞으로 우리 집 가계도家系圖는 훨씬 더 발전할 것 같다.

아내의 학창 시절

아들 결혼식에서 주례사 대신에 당부한 말

　아들 결혼식은 주례 없이 아들이 나를 등에 업고 입장한 다음에 신랑이 기타를 치면서 신부를 맞이하는 멋진 이벤트를 연출하고, 주례사 대신에 양가 부모님이 아들 부부에게 당부하는 인사말로 예식을 진행했다.
　내가 결혼식장에서 아들 부부에게 당부한 말을 옮겨본다.

　"사돈 내외분! 이렇게 아름답고 예쁜 따님을 우리 아들과 짝을 지어 소중한 인연을 맺게 해주시어 감사를 드립니다."
　또 아들과 며느리에게도 축하와 당부 말을 하고자 한다.
　"새아가! 아들아! 결혼 진심으로 축하한다. 두 사람 모두 똑같이 사랑한다."

아들아! 오늘 네 등에 업혀 입장하고 보니 엄청 민망하고 당황스럽긴 했다만, 이 자리에서 보여준 너의 멋진 모습은 아버지로서 자식 키운 보람을 느낄 만큼 흐뭇하고 대견스럽다.

우리 아들 최고다.

너희 청첩 문안의 글을 조금 전에 혼인 서약하면서 두 사람이 번갈아 가며 낭독하더구나. 그 글귀가 참 마음에 든다.

'청첩 문안 의미에 맞게 두 사람이 모두 상대방 기준에 맞춰 자기를 스스로 구속할 줄 아는 행복한 부부가 되기를 바란다'

아버지가 당부할 말은

무엇보다 건강을 위해 아침 식사를 꼭 챙겼으면 한다.

식사준비는 예전에는 대부분 아내 몫이었지만, 이젠 부부가 같이해야 한다. 가장 사랑받는 멋진 남편은 요리 잘하고 설거지 잘하는 남편임을 명심해라.

두 번째로 당부할 말은

부부간에 서로 존칭어를 쓰면서 대화하는 습관을 들였으면 한다.

부부간에 존칭어를 쓰다 보면 다툼이 적어져 애정이 더욱 깊어질 수 있고 무엇보다 자녀교육에 도움이 되리라 생각한다.

"당부의 말 잘 지킬 수 있겠지?"

"모든 하객분이 지켜보시는 자리에서 너희가 공개적으로 약속했으니 명심하고 꼭 지키도록 해라."

아들 결혼식장에서 아버지가

세상에서 가장 소중한 딸에게

건강한 부부일수록 다툼도 많이 한다. 다툼이 없는 부부는 성인군자이거나 서로에게 무관심한 부부일 수도 있다.

문화와 생활습관이 다른 두 사람이 만나 다투지 않고 산다면 그게 도리어 이상하지 않겠나?

부부가 다툴 일이 있으면 얼마든지 다툴 수 있는 거다.

그냥 참고 사는 것보다는 서로 의견을 주고받으며 다투는 게 도리어 좋을 수도 있다. 그러면서 스트레스를 풀기도 하고 몰랐던 부분을 알 수도 있게 된다. 그러나 다툼이 너무 길어지거나, 분명하지 않게 마무리되는 화해는 경계해야 한다.

부부는 '나를 사랑하는 사람이니까 내가 말하지 않아도 당연히 알아서 잘 하겠지?' 하는 착각에 빠져 오해하고 실망하는 경

딸에게 공개구혼하는 사위

우가 많다고 한다. 사람은 자기 자신에 대해서도 잘 모르고 살아간다고 한다. 하물며 살아온 환경이 달랐던 배우자는 알려주지 않으면 모를 수밖에 없다. 그래서 결혼한 지 오랜 부부일수록 상대를 더 모른다고 하는 말도 있단다. '그동안 살아온 세월이 얼만데 그것을 모르겠어?' 하는 착각에 빠져 서로 알려고 노력하지도 않고 관심도 가지지 않기 때문이란다.

내가 원하는 바가 뭔지를 알려주고, 부족한 부분은 공유해 보는 것은 어떨까? 결혼은 서로 다른 두 사람이 만나 조금씩 하나가 되어 가는 과정이다.

부부가 서로 다른 점을 인정하면서 상대방이 자신의 기준에 맞춰주길 기대하는 것보다는 자신이 상대방의 기준에 맞추도록 노력하는 게 시간도 절약되고 힘들지 않다는 것을 모두가 잘 알면서도 그것이 말처럼 쉽지가 않다.

  내가 무조건 사위 편만 드는 게 아니다. 내가 사위 입장에 서서 살펴봐야 객관적으로 제대로 볼 수 있을 것 같아서다.
  너희가 다툼이 있을 때 아버지가 네 입장만 두둔하게 된다면 사위는 과연 어떤 마음이겠냐?
  아들도 마찬가지다. 며느리와 다툼이 있다면 나는 당연히 며느리 입장에 서서 살펴봐야 제대로 며느리를 이해할 것 같아서다.

손녀 첫돌을 맞아

　1년 전 신생아실에서 너를 처음 만났을 때 오뚝한 네 콧날과 큰 눈망울이 인상적이었다. 요즘 그 큰 눈망울과 콧잔등을 살짝 찡그리며 활짝 웃어주는 네 모습을 보노라면 힐링이 따로 없다.
　이렇게 예쁜 네 모습을 보는 것만으로도 할아버지는 네게 많은 선물을 받고 있다는 생각이 든다.
　할아버지는 우리 손녀 항상 건강하고 착하고 예쁘게 주님 은총 속에 무럭무럭 잘 자라길 기도한다.
　한 가지 욕심을 덧붙인다면,
　품격있고 예의 바른 사람으로 모두에게 기쁨과 행복을 주고 사회에 필요한 사람이 되기를 바란다.
　우리는 이 마음을 담아 네가 태어난 다음달부터 네 이름으로 '초록어린이재단'에 정기후원을 하고 있다.

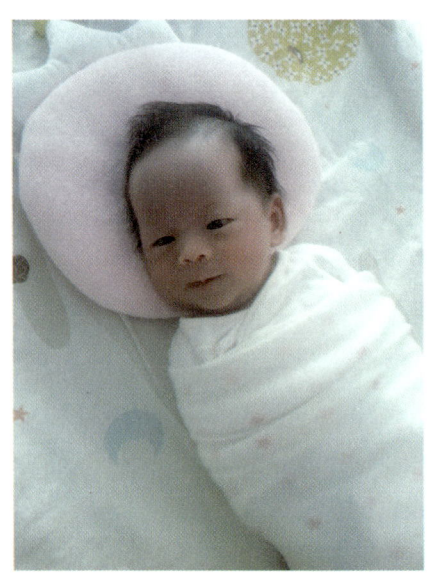

손녀 갓난아기 때

우리 가족 이야기

행복한 데이트

소풍 가는 설렘으로 초등학교 1학년 손녀를 만나러 간다.
조금 이른 시간에 도착해 교문 밖에서 기다리며
또래들과 학교에서 어울리는 모습은 어떨까? 궁금하다.

며느리가 알려준 시간보다 조금 늦게 손녀의 모습이
먼발치에서 보인다.
급식을 마치고 체육복 차림으로 또래들과 계단을 내려오는
'키 크고 예쁜 모습'이 할아버지 눈에는 단연 탑이다.

하교하면서도 지나치는 선생님께 공손하게 인사하는 모습,
엘리베이터를 타지 않고 9층 계단을 오르는 모습에 새삼 놀라고

아빠 엄마와 함께 이렇게 매일 운동한다며 한껏 자랑도 한다.

집에 와서 책상에 앉아 스스로 공부하는 모습이 마냥 대견스러울 뿐이다.

손녀와 '알까기 게임'은 1:1 무승부*

'보리! 보리! 보리쌀' 주먹잡기 놀이도 무승부(?)*

학원에 갈 때도 일부러 계단으로 걸어서 올라가는 모습이

두고두고 예쁘게 보이는 손녀 바보 할아버지의 행복한 데이트다.

* 손녀가 알까기 게임은 진짜 잘한다.
* 의도한 무승부였음.

손녀 설날 새배 사진

일상의 행복

 오늘은 조금 늦은 시각에 잠이 깨어 어제 도보성지순례를 다녀온 것을 핑계 삼아 소파에서 뒤척이며 게으름을 피우고 있는데, "어서 일어나 청소하고 식사하고 교중미사 다녀와서 손자 봐야 한다."고 채근하는 아내의 잔소리가 왠지 상쾌하게 들리는 아침이다.
 손자 녀석이 놀기에 위험한 물건이라도 있을까 해서 집안 정리를 시작했지만, 마무리도 제대로 하지 못하고 미사 시간에 바쁘게 성당에 간다. 미사를 마치고 아내는 백화점으로 가고, 나는 울뜨리아 모임에 가서 점심을 먹고 집으로 온다. 오는 길에 앞서 걸어가던 노부부가 '치매 예방 및 검진'이라는 현수막 앞에서 주고받는 대화가 아름다워 보이기도 하고 약간은 측은해 보이기

도 하는 것이 마치 장래의 나의 모습을 보는 것 같아 쓸쓸하기도 하다. 가을비가 우산 밑으로 바지를 적시지만 집이 지척이라 걱정은 없다.

울뜨리아 회장으로 선임된 자매님의 평소 열정과 소탈한 성품이 인상에 남는다. 모임이 있기 전에 항상 모든 회원에게 일일이 전화하는 열정이 대단하고, 자신이 회장에 재선임 된 것도 주님의 은총이며 열심히 봉사하라는 뜻이라 여겨 최선을 다하겠다는 말이 진심으로 들린다.

어제 신나무골 성지에서 주교님이 7~80년 전에 한티재 거주 신앙 선조들은 이곳까지 영성체하려고 산 넘고 물 건너 8시간 이상을 걸어서 올 수밖에 없었으며, 당시에는 영성체 공복이 12시간이라 그분들의 신앙심은 정말 대단했다는 강론 말씀이 되새겨진다. 함께 식사하던 어느 연세 든 자매님이 공직에 있다가 퇴직해서는 연세 많으신 분들 레지오에 참가해 봉사하는 것도 뜻깊은 신앙생활이고, 보람 있는 삶이란 말이 새겨 들리기도 한다.

현관에서 인터폰을 했지만, 대답이 없어 '아직 오지 않았구나.' 생각하며 현관문을 들어서니 뽀얗고 이쁜 녀석이 아내 품에 안겨 깔깔거리며 반갑게 맞이한다. 말이 늦어 아직 인사말도 제대로 하지 못하는 20개월짜리 외손자다.

우리 가족 이야기

딸이 사위하고 결혼식도 볼 겸 데이트한다며 아내에게 손자를 맡기고 갔다.

아내가 손자를 보고 있기에 아침에 마무리하지 못한 청소를 하려는데 녀석이 내 뒤를 계속 쫄쫄 따라다니며 옹알이를 한다. 우리 집은 발로 밟아 걸레를 세척하는 수동식 세척기라 어른이 밟기에도 쉽지 않은데 윙윙 도는 물이 신기한지 녀석이 자기 혼자 해보려고 온갖 용을 쓰는 모습이 참 가관이다. 청소기 잡은 내 손을 고사리 같은 손으로 계속 밀쳐내며 혼자 여기저기 끌고 다니고 장난질하는 게 성가시기는 해도 모든 것이 앙증스럽고 귀여울 뿐이다.

그럭저럭 청소를 마치고 잠시 앉아 있는 사이에 아내가 녀석의 기저귀를 만져 보더니 "당신 냄새도 못 맡아요?" 하면서 오만상이다. 정말 똥이 한 바가지다. 냄새는 또 얼마나 지독한지 그런데도 더럽다는 생각이 전혀 들지 않는다. 똥이 촌수 알아본다고 우리 부부는 똥 냄새가 진동인데 시침 떼고 쌕쌕 웃고 있는 녀석의 포동포동한 엉덩이를 씻기고 기저귀를 갈아준 다음에 "우리 손자 똥싸개."라며 한바탕 까꿍도 한다.

외출에서 돌아온 제 엄마 아빠를 보더니 찰싹 달라붙어 재롱이 이만저만이 아니다. 천륜은 어쩔 수 없는가 보다. 세상에 어떤 그림보다 딸에게 안긴 손자 하상 바오로의 모습이 아름답다.

  자기 집으로 갈 적에는 항상 그랬던 것처럼 오늘도 현관 앞에서 할아버지 할머니 신발을 챙기며 같이 가자고 안달을 한다. 요 이쁨 때문에 오늘도 나는 외손자 녀석 배웅하러 지하주차장까지 내려갔다가 올라온다.

  하상 바오로!

  건강하고 씩씩하게 잘 자라다오.

  일상이 이렇게 행복한데 불평과 불만을 가지는 것은 아마도 욕심과 집착 때문이 아닐까 되돌아보게 하는 하루다.

손자 첫돌 때

엘리사벳에게

앙증맞고 귀여운 외손녀가 초등학교에 입학했다.

그저께는 학교 운동회에서 계주 1학년 청팀 대표로 출전해서 출발선에서 바통을 재빨리 이어받으려고 방방 뛰는 모습이며 따라잡히지 않으려 발 빠르게 달리는 모습이 얼마나 야무져 보이는지?

어린이날에 오빠, 외사촌 언니와 함께 영화관에 갔다가 엄마가 찍은 스마트폰에 순간순간 포즈를 달리하는 네 모습에는 깜찍함이, 아빠 박사학위 받는 날에는 아빠도 내 유치원 졸업식에 오지 않았으니 나도 안 간다고 쌤통 부리던 성깔에는 암팡짐도 보인다.

지난해 8월 12일 성당에서 본명 엘리사벳으로 세례받은 외손녀다. 항상 주님 은총 속에 건강하고 평화롭게 잘 자라길 바란다. 앞으로 사회에 도움이 되는 일 중에 네가 좋아하고 잘하는 일을 찾아서 엘리사벳 스스로 잘 성장하기를 주님께 빈다.

엘리사벳

'김 변'과 '김 작'을 위하여

오늘 아침에는 변便 냄새가 너무 좋다. 화장실을 다녀온 손자 녀석의 변 냄새다. 구수하면서도 무어라 형언할 수 없는 건강한 냄새다. 나는 비위가 약하고 냄새에 민감한 편이다. 내게서 나는 땀 냄새마저 싫어하고 힘들어하는 정도다. 그랬던 내가 녀석의 변 냄새까지 기분 좋게 느끼고 있다니….

아침 식사를 마치고 오늘 아침 변 냄새가 좋았다고 했더니 녀석이 과일 먹던 포크를 슬그머니 내려놓고 저쪽 방으로 가버린다. 이런 모습까지 의젓하고 건강하게 보이는 행복한 아침이다.

손주가 셋이다. 손녀가 둘이고 손자가 하나다. 똑같은 손주고 아낌이야 똑같을 수밖에 없지만 갓난아기 때도 손녀들 기저귀는 직접 갈아 본 적은 많지 않은 것 같다.

우리 가족 아들, 사위, 손자는 나와 함께 자고, 딸, 며느리, 손녀 둘은 아내와 함께 자도록 우리 가족 9명이 남녀로 각각 나눠서 호텔 가족방 2개를 얻어 2박 3일 군산을 여행한다.

　아들 부부는 계획 세우고 서울과 포항에서 오느라 수고하고 딸 부부는 차량 2대를 제공하고 뒷수발하느라 수고가 많다. 유치원에 다니는 제일 어린 외손녀는 하루 10,000보가 넘는 도보 여행에 힘들어한다.

　나는 보는 것 먹는 것보다 손주들과 함께하는 이 자리가 좋다. 손주들 깔깔거리며 사이좋게 어울리는 모습은 바로 축복이다. 나바위 성지와 둔율성당에서 무릎 꿇고 두 손 모아 기도하는 손주들의 모습은 은총일 수밖에….

　손주들 건강과 평화를 빌면서 변호사가 꿈이라는 손자는 '김변'으로 화가가 꿈이라는 손녀는 '김 작'으로 불러보는 할아버지다. 마지막 날 군산 비어포트에서 수제맥주 한잔도 베리 굿~~.

나바위성지에서
할머니와 기도하는 손자

잠결에 손녀의 '라떼' 훈시를 들으며

손주들과 한방에 누워서 잠을 청하는데 초등학교 3학년인 손녀가 유치원에 다니는 사촌 여동생에게 '라떼는 말이야'라며 훈시하는 꼴이 참 가관이다.

아내가 어린 외손녀에게 이불을 덮어 주는데 외손녀가 덥다며 투정을 부리니까, '할머니가 감기 들까 봐 걱정해서 이불을 덮어 주는데 그러면 되냐?'며 꾸짖기도 하고, 자꾸 몸을 뒤척이니 '가렵더라도 긁으면 안 돼! 그러면서 인내심도 배운다'라며 나무라기도 한다.

마치 교장 선생님 훈시하듯이 하는 모습에 웃음이 절로 나온다.

손주 셋이 부대끼며 어울리는 모습이 참 이쁘다. 다섯 살밖에 안 된 외손녀가 언니 훈시(?)는 다소곳이 잘 듣고 따르는 게 참 신기하다.

금호강변에서 공놀이하는 모습이다.

초등학교 5학년인 외손자는 의젓하게 오빠 노릇 하며 두 여동생과 잘 어울려준다. 유치원생 동생의 막무가내 투정도 무던히 받아주고, 외사촌 여동생이 투정이라도 하면 너마저 그러면 어쩌냐고 달래가며 공놀이하고 준비운동 시키는 모습이 천생 군대 조교의 모습이다.

볼 때마다 무럭무럭 자라는 손주들 모습에 행복은 더해 가고, 해파랑길 완보증에 할아버지 할머니 이름을 '*자 *자'라고 호칭하며 부르는 예의범절에 우리는 손주 바보가 된다.

야광묵주를 보고 외손자가 마음에 들었던지 달라고 한다. 교리공부를 시작하면서 성물에 관심 많아진 것 같다. 첫영성체 하는 날 무엇을 선물할까 물었더니 곁에서 듣고 있던 외손녀가 자기한텐 무얼 선물할 거냐고 자기가 먼저 안달을 한다. 무조건 오빠한테는 이기려고 하는 여동생이다. 그 때문에 속 깊은 외손자는 대답도 안 하고 듣고만 있다.

어린 외손녀가 우리 집 최강자다. 무엇이든 자기가 최고이고 제일 먼저이어야 한다. 묵묵히 양보해주는 손자가 대견하다.

낙원이 따로 있나? 이것이 주님 은총이고 낙원이지. 아무 탈 없이 건강하게 잘 자라다오. 너희 존재만으로도 우리는 행복하다.

손주들 백일에
금반지를 선물하면서

우리는 손주들이 건강하고 착하게 잘 자라길 바라는 마음을 담아 손주들이 태어난 지 만 100일이 되는 날에 백일의 의미를 새기며 금반지를 선물한다.

"百"이라는 숫자는 우리말로 "온" 또는 "모든 것"이라는 뜻을 담고 있는, 그래서 완전함을 의미하는 정말 좋은 말이다. 생물학적으로는 인간이 수태되어 임신 40주(280일) 만에 태어나 100일이 지났으니 월력상으로 만 1년이 되는 날이라는 의미도 있다. 그러나 무엇보다 중요한 것은 우리 인간의 어떤 습관이나 행동, 태도 등도 100일만 마음 먹고 노력하면 다 바꿀 수가 있다고 한다. 그래서 어렵고 힘든 일을 이겨내려면 100일 기도한다는 말이 있는지도 모른다. 또 우리 세포조직도 100일이 지나면 모두 바뀐다고 한다.

 우리는 너희가 황금같이 모든 사람에게 소중하게 여겨지기를 바라며 꼭 필요한 존재가 되라는 의미에서 백일에 금반지를 선물하고, 또 첫돌 때부터 여섯 번째 생일까지 금반지를 매번 선물하기로 한다. 그 의미를 잘 새겨 보관했다가 후일 너희가 성장해서 꼭 필요할 때 유용하게 쓸 수 있었으면 하는 마음을 전한다.

할아버지, 할머니가

손주들과 함께

우리 가족 이야기

자식들에게 당부하는 글

우리는 '22년 1월 8일 자식들에게 아래 첨부된 내용의 문서를 작성하고 각자 서명을 받아 보관하면서 당부한 바가 있다.

그것에 덧붙여 몇 가지 더 당부하고자 한다.

우리 부부는 어느 한 사람의 건강이 나빠지더라도 다른 건강한 사람이 정성껏 보살펴주며 부부가 함께 집에서 생활할 계획이다. 만약 우리 두 사람 모두 또는 혼자된 사람의 건강상태가 많이 나빠지면 그 당시 우리 형편에 맞는 요양병원 등에 입소해서 너희(자식들)에게는 부담을 주지 않기로 서로 약조하였으니 그렇게 알도록 하고, 또 건강보험공단에도 사전연명의료의향서를 등록했으니 참고해라.

우리가 나이가 더 들어 정신이 흐려지거나 절박해지면 판단이 흐려질 수도 있어 이렇게 당부의 글을 남기니 명심하기를 바란다. 또 우리가 우리 의지대로 자산관리를 하지 못하게 되는 경우를 대비해서 밝혀둘 것이 있다.

손주(3명)가 어릴 때부터 지금까지 각자의 이름으로 후원단체(3곳)에 후원하고 있는 후원금은 손주들이 각자 성인(19세)이 될 때까지만 우리 계좌에서 인출되도록 하고 그 이후에는 손주들이 스스로 판단해서 처리하도록 해라. 그리고 우리 이름으로 후원하고 있는 3곳의 후원금과 성당 교무금은 우리 자산에 여유가 있을 때까지는 계속 후원되기를 바란다.

너희가 보내는 용돈은 우리가 생활이 어려워서 받는 게 아니라 부모님에 대한 공경심을 키워주고 싶은 마음에서 받는 사랑이라고 생각하기 때문에 너희가 부담을 느끼지 않고 기쁜 마음으로 보낼 수 있을 때까지만 보내도록 해라. 부담을 느끼거나 어려움이 있다면 언제라도 중단해도 괜찮다. 그리고 우리가 가입한 보험 중에 자동차 보험을 제외하고는 계약 연장 기간까지 계속 유효하게 유지하는 게(특히 실손, 건강, 암, 간병인) 도움이 되지 않을까 생각하는데, 이 문제는 우리 부부 건강상태 등을 잘 살펴서 너희가 서로 의논해서 처리해 주기를 바란다.

우리가 이렇게 마음을 세상에 공개하고 당부의 글을 남기는 것은 무엇보다 너희에게 심정적 부담을 줄여주고 향후 사회적 평판도 의식하고자 하는 뜻에서다.

다른 한편 너희에게 남겨줄 게 별로 없기에 가능하다고 본다. 또 별것 아닌 거라도 너희끼리 다툼은 하지 않을 거라는 확신과 손주들에게는 우리가 소액이지만 어려운 이웃을 위해 오랜 기간 후원했다는 것을 알려주고자 하는 의미도 있다.

주변에 어떤 친구는 부모님이 졸지에 어려운 상황에 빠지자 무엇을 어떻게 해야 할지 몰라 고심을 많이 했다는 이야기를 듣고 이렇게라도 정리하고 당부하는 것이 아무것도 알려주지 않는 것보다는 낫지 않을까 하는 생각에서 적어본 당부의 글이다.

첨부 문서 '22년 1월 8일 작성하고 자필 서명을 받아 보관 중인 문서로 세부적인 내용은 빼고 형식만 공개한다.

우리 부부는 아래와 같이 작성하고 너희 4명이 확인 서명한 이 당부의 글은 법적 효력을 떠나 우리 부부가 갑자기 유고되었을 때를 대비해 너희에게 아래 제1호에서 제4호까지 당부하는 바이니 꼭 지켜지기를 바란다.

= 아래 =

제1호. 우리 부부 재산(동산, 부동산을 포함) 중에 (약정금)을 아들에게 조부모님과 부모님 묘지관리 등 봉제사 명목으로 우선 지급되도록 한다.

제2호. 우리 부부 재산(동산, 부동산을 포함) 중에 손주들 장래 발전장려금으로 손녀에게 (약정금)을, 외손자에게 (약정금)을, 외손녀에게 (약정금)을 우선 지급하기로 한다. 단 2020년 2월 15일 기지급한 (지급금액)씩과 오늘 이후 제2호의 명목으로 지급된 금액이 있으면 그 지급금액을 감한 다음에 나머지 차액만 지급되도록 한다.

제3호. 손녀 동생이 태어나면 우리 부부 재산(동산, 부동산을 포함) 중에 (약정금)을 탄생축하금으로 태어난 손주에게 최우선 지급되도록 한다.

제4호. 제1호에서 제3호까지 우선 지급하는 금액을 제외하고 우리가 너희 또는 손주들에게 별도 축하금이나 격려금 등으로 개별 지급하는 금액에 대해서는 일체 이의가 없으며, 그 이외의 나머지 재산은 법이 정하는 바와 일반상식에 따라 공평하게 배분되도록 한다. 끝

2022년 1월 8일

우리 가족 이야기

아들과 함께 지리산을 종주하다

 어제 어머님 기일 제사를 마치고 오늘 3박 4일 일정으로 아들과 함께 지리산 화중종주(화엄사~중산리)를 시작한다. 아들이 군 복무를 마치고 대학 복학 전이고 나도 희망퇴직하고 외주업체를 운영 중이라 시간 내기가 쉬워 평일을 택해 계획을 세운다.
 대구서부시외버스정류장에서 남원행 버스를 타고 다시 구례행을 환승해서 화엄사에 도착한다. 산채비빔밥으로 점심을 먹고, 화엄사에서 출발기념 사진을 찍은 다음 노고단으로 향한다. 화엄사에서 노고단까지 7km 산행은 계속 오르막길을 오르는 볼 것도 별로 없는 약간 지루하고 힘든 산행이었던 것 같다.
 수년 전 직장동료들과는 2박 3일 일정으로 지리산을 종주한 적이 있는데 이번에는 무리하지 않게 여유를 갖고 산행하려고 노고단, 벽소령, 장터목대피소를 예약해서 3박 4일 일정으로 산행한다.

노고단에 도착해서 예약 확인한 다음 공동취사장에서 취사와 식사를 하고 대피소로 가서 모포 한 장씩을 받아 아들과 나란히 누워 잠자리를 청한다. 이튿날 일어나자마자 취사장으로 가서 식사를 하고 세수는 생략한 채 약식으로 소금(비누와 치약은 자연훼손)으로 양치한 다음에 짐을 꾸려 반야봉으로 향한다.

3박 4일의 취사용품과 식수, 간식, 옷가지 등을 넣은 배낭 무게가 보통이 아닌데도 앞서 걸어가는 아들은 힘들지 않게 성큼성큼 잘도 걷는다.

노고단을 출발해서 임걸령을 거쳐 노루목을 지나 지리산 3대 주봉인 반야봉에 갔다가 다시 경상남도, 전라북도, 전라남도 3개도 경계점인 삼도봉을 지나 뱀사골대피소가 있는 화개재에서 점심을 먹고, 토끼봉, 연하천, 형제봉을 지나 벽소령대피소에 도착한다. 예약 확인한 다음에 취사장에서 식사하고 역시 모포 한 장씩을 받아 대피소 평상 바닥에 아들과 나란히 누우니 감개가 무량하다.

아들과 함께 무거운 짐 나누어 지고 앞서거니 뒤서거니 서로 걱정하고 이야기 나누며 지리산을 종주한다는 게 예삿일인가?

연하천에서 벽소령으로 가는 길에 어두워지면 어쩌나 하는 조바심은 있었지만, 어둠이 서서히 묻어나는 지리산의 풍경은 정말 장관이다. "벽소명월"이라고 벽소령에서 보름달을 본다는 것은 지리산의 10경 중 하나이다. 오늘이 음력 초하루라 달을 보지 못하는 아쉬움은 있지만, 아들과 함께 벽소령에서 이렇게 나란히 누워 인생사를 논하니 '벽소명월'이 이보다 대수겠냐?

이튿날 벽소령을 출발하면서 벽소령대피소를 배경으로 기념사진을 촬영하고 세석평전으로 향한다. 세석대피소에서 조금 여유를 갖고 취사장에서 점심을 먹은 다음에 대피소 아래 우물가로 가서 아침에 제대로 씻지 못한 세수를 다시 하고 세석평전을 지나 연하봉을 거쳐 장터목대피소로 향한다.

장터목대피소에 도착해서 예약 확인한 다음에 식사하고 수년 전에 아내와 함께 백무동코스로 천왕봉 등정한 걸 아들에게 자랑한다. 어떤 방송국에서 인터뷰하자며 어디서 왔고 두 사람이 어떤 관계냐고 묻기에 대구에서 왔고, 부자지간이라고 했더니 참 보기 좋은 모습이라고 극찬한다. 대구에 있는 팔공산과 지리산은 어떻게 비교하느냐는 조금은 엉뚱한 인터뷰에 그냥 얼버무렸는데 왜 그런 질문을 했는지 의아하다. 산은 높고 낮음은 있을 수 있어도 좋고 나쁨으로 비교할 대상은 아닌데 하는 생각에서다.

이튿날은 05:00 기상해서 천왕봉 일출을 보기 위해 서둘러 아침을 먹고 제석봉 고사목을 지나 천왕봉으로 향한다. 구름이 많아 일출을 제대로 볼 수 있을까 걱정했는데 다행스럽게도 예정보다는 조금 늦은 시각 구름 사이로 터져 나오는 색다른 천왕봉의 일출을 볼 수가 있었다. 그저께 어머님 기일제사 축문을 올리면서 지리산 천왕봉 일출은 3대가 적선해야 볼 수 있다며 축원을 드렸는데 축원한 대로 이루어졌다.

일출을 기다리는 동안 천왕봉에서 바라본 지리산의 여명과 구름 터진 틈 사이로 붉은 아침 빛을 쏟아내는 장엄한 천왕봉 일출을 아들과 함께 감상하며 어깨동무하고 기념사진도 찍는다.

천왕봉 일출을 보고 잠시 휴식을 취한 다음 중산리 쪽으로 향한다. 천왕봉에서 로터리대피소까지 내려가는 길은 가파른 철계단이라서 조심스럽다. 등산은 오르는 길은 힘들고 어려워도 다칠 위험은 적은데, 내려가는 길은 힘들지는 않더라도 서두르다가 보면 위험할 수도 있어 더욱 조심해야 한다.

로터리대피소에서 식사한 다음에 우리나라 사찰 중에 제일 높은 곳에 있다는 법계사를 탐방하고 중산리로 가서 진주행 버스를 타고 대구로 온다.

지금까지 아들과는 2001년 1월 1일 가족이 함께 소백산을 오르고, 팔공산을 종주한 적은 있지만, 3박 4일 동안 매트 바닥에서 서로 땀내 맡으며 산행하기는 처음이다. 부모는 자식과 함께하는 시간 자체가 행복이라고 하는데 우리는 3일 밤낮을 함께하며 지리산을 종주했으니 얼마나 행복한 일인가. 더구나 천왕봉 일출까지 감상했으니 삼대의 적선이기도 하다.

화엄사를 출발하면서

가족 감사패를 받고 나니

　나는 2014년 9월 30일까지 경제활동을 하고 10월 1일부터는 경제활동 은퇴자다. 1979년 1월에 한국도로공사에 입사해서 28년 근무하고 2006년 12월 희망퇴직해서 7년 9개월 외주업무를 맡아 운영했으니 35년 9개월을 한국도로공사와 함께했다.
　그동안 결혼하고 남매를 낳아 건강하고 착하게 잘 키웠고, 대학교 졸업과 동시에 취업하고 결혼해서 믿음직한 사위와 예쁜 며느리도 얻고, 금쪽같은 외손자와 며느리 배 속의 뽕순이도 함께하고 있으니 이 어찌 감사하고 행복하지 않을 수가 있으랴.
　며칠 전에 아내가 자식들이 10월 3일 공휴일에 분위기 좋은 식당을 예약했으니 저녁에 시간을 내라고 한다. 별다른 생각 없이 식당으로 갔더니 식사하기 전에 자식들이 그저께가 아버지께서 공식적으로 은퇴한 날이었다며 값진 선물과 함께 투명 아크릴판으로 된 작은 감사패를 전달한다.

지금까지 한국도로공사와 노동단체, 동창회, 각종 모임에서 많은 공로패와 감사패를 받아봤지만, 가족에게 감사패를 받다니 의외다. 막상 감사패를 받을 적에는 주변의 이목도 있어 그냥 고맙다는 말만 하고 감사패에 적힌 글을 읽어 보지도 않고 며칠 지나서 감사패 글을 자세히 읽어 보니 과연 내가 자식들에게 귀감이 될 만큼 아버지로서 잘 살았는지에 대한 회의감도 들고 부끄러운 마음도 든다.

이 감사패가 앞으로 글귀에 어울리는 아버지로서 역할을 제대로 할 수 있게 각오하는 계기가 될 것 같다.

옛말에 효자는 어진 부모가 만든다고 했는데, 우리 집은 부족한 아버지를 자식들이 훌륭한 부모로 만들어 주는 것만 같다.

그래서 가족들에게 고마운 마음과 함께 감사패를 자랑한다.

가족 감사패를 받고

고회부처아녀손 高會夫妻兒女孫

언젠가 추사 김정희의 고회부처아녀손高會夫妻兒女孫이란 글귀를 읽으며 '세상에서 가장 아름다운 만남은 아내와 자식, 손주와 함께하는 자리'라는 의미를 알게 되면서 우리 가족의 만남을 헤아려 본다.

슬하에 남매가 있는데 모두 짝을 잘 만나 나름대로 잘 사는 것 같다. 아들에게는 딸이 하나 있고 딸에게는 아들과 딸이 있어 우리 가족은 모두 9명이다.

일 년에 최소 7~8번은 대부분 전원주택에서 만나고 있다. 설날, 추석 명절과 우리 부부 생일, 부모님 기일 제사 그리고 서로 필요에 따라 수시로 만나는 정도다.

만남을 앞두면 그렇게 기다려지고, 손주들 보면 반가운 마음에 손주들만 얼싸안고 같이 온 자식들은 본 척도 않다가 뒤늦게 머쓱하게 눈길만 주기도 한다. 물론 자식들이 이것저것 준비는 해 오지만, 손주들 먹고 싶은 것, 하고 싶은 것을 준비하느라 우리는 몇 날 며칠을 고생해도 그저 기쁘고 행복한 마음뿐이다.

나이가 든 탓일까? TV에 '오면 반갑고, 가면 더 반갑다'라는 광고가 딱 맞는 말이라고 박장대소하기도 한다. 그렇지만 손주들 만나는 기쁨에 비할 수가 있으랴.

이번 만남은 손녀 미술 영재 선발, 외손자 오케스트라 바이올린 연주회 공연, 사위 공학박사 학위 취득, 외손녀 초등학교 입학을 자축하자는 명분으로 전원주택에서 가족 모임을 주선한다.

손주들은 손편지와 그림 전시회로 할아버지 할머니의 마음을 더한층 기쁘게 해 준다. 이래서 또 추사 김정희의 고회부처아녀손 高會夫妻兒女孫 글귀를 새기며 기뻐하는 만남이다.

우리 집 풍습과 전통

아들은 명절뿐만 아니라 평소 우리 집에 오거나 우리가 아들 집을 방문했을 때도 아들, 며느리, 손녀가 우리 부부에게 큰절하는 것을 전통으로 하고 있다.

지금이 어느 시대인데 고리타분하고 구시대적인 풍습이냐고 놀라며 질책하는 사람도 있지만, 온고지신溫故知新이라는 거창한 말이 아니어도 요즘 부모들이 자녀들과 함께 살지도 않고 만나기도 쉽지 않아 대화를 나눌 기회가 적을 수밖에 없어 대비책으로 큰절과 안부 전화를 강권하다시피 하고 있다.

아들 가족을 만나는 순간 큰절을 받기 위해서 우리는 하던 일 잠시 멈추고 옷매무새를 다듬고 평정심을 가지고 좌정한다. 그 순간은 아들이지만 예를 갖추게 되니 만남을 서로 존중하는 소중한 시간이 되기도 한다. 큰절을 하기 위해 잠시 우리 앞에 서서 말없이 주고받는 눈빛으로 서로의 근황을 느끼기도 하고, 큰절하는 모습을 보면서 현재의 분위기와 감정 상태를 파악하기도 한다. 큰절을 마친 후에는 마주 앉아 문안 인사를 나누며 가족애를 다질 수가 있어 그냥 눈빛만 주고받는 간단한 목례보다는 훨씬 의미가 있다고 본다. 물론 시간적 여유가 없거나 외부에서 만나는 경우는 어쩔 수가 없다.

일례로 얼마 전에 아들이 우리 집에 와서 큰절 인사를 하는데 평소에는 얌전하고 착하던 손녀가 큰절하는 동안 표정이 영 좋지를 않아서 인사를 받은 다음에 상황을 물었더니 며느리가 대신 대답을 한다. 호주여행을 가기로 예약했는데 아빠가 의논도 없이 일방적으로 취소했다고 화가 나서 그런다고 이야기한다. 그래서 아들에게 이유를 물었더니 어렵게 대답한다. 이번에 승진 대상이 될 것 같아 어쩔 수가 없었다고 한다.

아들이 우리 집을 왔다 가거나 우리가 아들 집을 다녀오면 도착할 시간에 맞춰 반드시 전화하도록 하고, 일주일에 한 번 이상은 꼭 안부 전화하도록 한다. 별일이 없는데 자식에게 문안 전화를 받으면 그렇게 흐뭇하고 마치 큰 효도를 받는 느낌이 드는 건 시대착오적인 나만의 생각인가?

아들이 취업해서 두 번째 월급 받은 달부터 지금까지 우리 부부는 매월 일정 금액을 용돈으로 받고 있다. 아들이 결혼하면서 앞으로도 용돈을 드려야 하느냐고 하기에 웃으며 "네가 결혼한다고 내 자식이 아니냐?"는 말로 답을 줬더니 변함없이 똑같이 용돈을 보낸다.

우리가 이렇게 용돈을 받는 것은 형편이 어려워서 받는 게 아니라 아들에게 부모님을 공경하는 습관을 가르쳐주고 싶기 때문이다. 부모님께 드리는 용돈은 공경심의 발로이며 낳고 길러준 은혜에 대한 인간적 도리라고 생각한다. 배고플 때 자장면 한 그릇 사준 친구의 고마움은 잊지 못하면서 어릴 때부터 배고프지 않도록 돌봐준 부모님 사랑은 대수롭지 않게 여기는 작금의 세태다.

자식들도 경제적 독립체로서 부모가 부담을 줘서는 안 된다는 말에 공감하면서도 우리 미풍양속과 전통도 존중되어야 사회가 더욱 발전하고 아름답게 성숙해진다고 생각한다.

요즘 같은 세상에 이만한 아들과 며느리는 흔치 않다고 본다. 큰절 인사에 안부 전화, 부모님 용돈까지 모든 걸 용납하고 순응하는 며느리가 훨씬 착하고 예쁘다. 그래선지 아들은 수시로 며느리가 연봉도 높고 고급인력이라며 너스레를 떨며 주책을 부리기도 한다. 가족 여행을 가면 아들은 여행 계획을 세우고, 며느리는 조카들 데리고 다니며 체험 학습도 시켜주는 고마운 외숙모라서 어린 외손녀에게는 인기 최고다. 또 아들이 서울로 인사 이동되어 주말부부로 혼자 가사와 육아를 전담하면서도 손녀가 다니는 학교의 교육환경이 좋다는 교육 철학으로 서울로 이사 가는 것을 보류하고, 퇴근 후에는 또 손녀를 위해 쉴 틈 없이 새로운 일을 시작할 수밖에 없는 반복되는 일상 속에서도 직장에 성실히 근무해서 승진도 하고 어렵다는 자격증도 여러 개 가지고 있는 금융계 엘리트 워킹우먼이다.

 이런 아들과 며느리지만 예의범절에 조금이라도 어긋나면 가차 없이 질책한다. 어쩌다 조금 심하게 꾸짖어도 묵묵히 듣고 따르는 아들과 며느리다. 이럴 때는 내 욕심이 너무 지나친 게 아닌가 자책하기도 한다.

 딸과 사위에게는 우리 집 풍습과 전통을 강권하지 않고 그냥 있었는데 언젠가부터 사위도 아들과 똑같은 금액으로 용돈을 보내고 있다. 딸은 아들이 못하는 부분을 채워주려고 나름대로 노력하는 모습이 역력하다. 사위는 공기업에 다니면서 주말에 대학원을 다녀 공학박사 학위를 취득하고 지금은 기술사 자격시험을 준비하는 학구적인 스타일로 자기관리가 철저하다. 수년 전 사위가 조지아 주재원으로 근무할 때 사돈댁과 함께 조지아와 아르메니아, 동유럽을 25일간이나 여행하는 호사도 누렸으니 한껏 효도 받은 셈이다.

딸은 내가 조금만 지나치면 잔소리다. 덕분에 세대가 비슷한 며느리 마음을 이해할 수 있도록 최고의 코치를 해준다. 또 딸은 내가 사위 편만 든다고 불평하면서도 본인 역시 남동생보다는 올케 편만 드는 게 여실하다.

나는 부모님께 '89.03~'91.01(22개월) 10만 원씩, '91.02~'97.07(77개월) 30만 원씩, '97.08~'05.10(98개월) 10만 원씩 보내 드렸다. 당시에는 부담되고 힘들었지만, 지금 생각해보면 부모님 생전에 불효한 점을 약간은 상쇄시켜준 심정적 효과는 있었던 것 같다. 그래서 자식들도 용돈을 준 게 효도했다는 심정적 효과는 얻을 수 있을 것 같고 또 부모님을 공경하는 습관과 전통이 대물림되기를 기대하면서 후일 몇십 배로 불려서 보상받을 거라 믿는다.

물론 아들과 딸에게 각자 시댁과 처가에도 똑같이 해야 한다고 여러 차례 당부하고 사돈분께도 똑같은 말씀을 드렸는데 어떻게 하는지는 모른다.

우리 집을 자식들 큰절시키고 용돈 받는 고리타분한 보수적 집안 분위기로 볼 수도 있겠지만, 우리는 명절뿐만 아니라 평소에도 가족이 모이면 전문적인 요리가 아닌 설거지, 청소 등 힘든 일은 모두 남자들 몫이다. 내가 솔선수범하고 아들과 사위도 마찬가지다. 시아버지가 엉거주춤 기마자세로 설거지하고 청소하는데도 부담 없이 시어머니와 올케, 며느리가 담소를 즐기는 집안 분위기이다. 시어머니 아침 식사 준비하는 동안 며느리가 늦잠 자도 그냥 내버려 두고 직장생활과 육아로 피곤할 테니 편안하게 쉴 수 있도록 까치발을 딛으며 조심스레 기다려 주는 시어머니의 품성이다.

  아버님이 계실 때까지만 해도 명절 때는 항상 대가족 전체가 모여 한바탕 소란을 피우는 것이 우리 집 전통 풍습이었다. 아버님 돌아가시고 동생들도 각자 아랫대를 맞이하고부터는 명절에 만나기는 어렵게 되고, 아버님 기일 제사가 추석 연휴 다음이다 보니 제사 참배가 어려워 우리 직계가족만 모여 명절을 보내거나 제사를 지내는 경우가 점점 많아진다. 최근에는 우리 부부만 제사를 지내는 경우도 많다.

  아버님 돌아가시고 첫 기일 제사 때부터 지금까지 부모님 영전에 축문을 올리고 있다. **維歲次**유세차로 시작하는 전통 축문이 아닌 한글로 문안편지 쓰듯 부모님에 대한 그리움과 염원을 담아 집안의 좋은 일과 소망하는 바를 적어 일상을 말씀드리고 집안 대소사도 알려드리는 형식으로 제사 축문을 쓴다.

  제사 준비한다는 게 여간 번거롭고 힘든 일이 아니다. 주부들에게는 엄청난 스트레스일 뿐만 아니라 직장에 다니는 주부는 준비할 시간이 없어 현실적으로 제사를 지낸다는 것이 불가능할 정도다. 그래서 큰 종가에 종손은 결혼하기도 쉽지 않다고 한다.

  아내는 공무원 생활하면서 명절(설날, 추석) 차례와 어머님 제사 30년, 아버님 제사 20년을 각각 주관했으니 정말 쉽지 않았을 거다. 게다가 어머님이 돌아가시고는 1년 탈상으로 1년 동안 우리 집에 빈소殯所를 차려놓고 아침, 저녁으로 상식上食을 올렸으니 직장 다니면서 당시 중고등학교 다니는 자식 뒷바라지만도 경황이 없었을 텐데 지금이라면 상상하기도 어려운 일이다.

  나는 제수, 진설, 제례 절차 등은 전통과 상관없이 정성만 있으면 된다고 보고, 신앙생활을 한다면 종교 절차에 따르는 것도 괜찮다고 생각한다. 다만 내 경우에는 제사에 축문을 쓰는 추모의 시간은 정말 소중하고 의미가 있었다고 본다. 비단 축문이 아니라도 추모의 시간을 가질 수만 있으면 좋겠다는 생각이다. 지금까지 축문 형태로 영전에 올린 글은 우리 집안의 소중한 추모의 기록물이라고 할 수 있다.

부모님 두 분을 고향 안동 선산에 모셨는데 지금은 산소 아랫마을에 거주하는 젊은 사람이 있어 벌초와 묘지관리를 부탁하고 있다. 처음 수년간은 우리가 직접 벌초도 하고 산소관리를 했는데 여의치 않아서 농협에 벌초를 위탁했다. 그런데 작업하는 인부가 수시로 바뀌는 성가신 일이 있어 산소 아래 거주하는 사람에게 벌초를 부탁하고 있지만, 이 또한 언제까지 계속할 수 있을지 걱정이다. 매년 반복되는 벌초 문제가 1~20년에 끝나는 일도 아니고, 장래 내가 주관할 수 없는 시기가 되면 자식들은 아무 연고도 없는 곳에서 어떻게 하느냐 하는 심각한 문제를 고민할 수밖에 없다.

수년 전에 우리 종가宗家에서도 이런 문제로 문중 회의를 열어 '묘제 설단 설립'이라는 궁여지책으로 묘지관리 방안을 모색하고 제례 절차 간소화를 토론한 적이 있다. 앞으로는 새로운 장례문화(자연장 등)를 모색하지 않으면 안 될 것 같다.

아빠 뒤를 따라 걷는 손녀 모습이다.
우리 집 풍습과 전통 중에 좋은 점은 계속 이어 갔으면 하는 마음을 담아

형제들에 대한 회고

　세 살 터울인 둘째 동생과는 추억을 공유한 친구 같은 사이다. 어려운 시절 함께 성장하고 취업(철도공무원)한 다음에 결혼 5개월을 앞두고 집안의 강권(당시 보수적 집안 특성으로 어쩔 수 없었다)으로 아버님 바로 위에 한국동란 때 딸 하나만 두고 행방불명된 숙부님 앞으로 입양이 되어 족보상으로는 4촌 동생이 되었지만, 동생에 대한 애틋함으로 상례를 비롯한 모든 집안 행사에 친가 서열로 예우하고 있다. 그러다 보니 동생은 내 선의와는 상관없이 친가와 양가 집안 행사에 모두 부담을 지는 이중고를 겪고 있는 것 같아 미안한 마음이 들기도 한다.
　결혼 후에도 친구같이 잘 지내며 백일도 되지 않은 딸을 데리고 숙모(동생 양어머니) 환갑잔치도 다녀오고, 돌도 지나지 않은 어린 딸을 데리고 강변에 야영하면서 시골 구멍가게에서 마셨던 맥주 맛은 잊을 수 없는 추억이다. 내가 세례 받은 다음에 동생부부도 세례 받고 ME 부부 피정도 다녀온다.

　내 아들이 어릴 적에는 조카와 만나면 어찌나 반가워하고 헤어질 때면 서로 부둥켜안고 헤어지지 않으려고 울고불고하던 사이였다.

　형제 중에 체격이 유독 크고 성격이 원만해 누구와도 잘 어울리며 마치 씨름선수 강호동과 비슷하다. 철도공사 퇴직하고도 10년이 넘도록 유관업체에 근무할 만큼 능력도 있고 인간관계도 좋다. 슬하에 딸 둘과 아들 하나를 두었다.

　셋째 동생은 여덟 살 터울로 나이 차이가 많은 형님 둘에 쌍둥이 남동생들 중간에 끼여 사랑을 많이 받고 자라기에는 어려운 상황이었을 것이다. 어릴 때는 지기 싫어하는 당돌한 성격으로 외골수 스타일이었다. 크면서 많이 유순해졌는데 아직도 생뚱맞은 외고집은 남아있어 가족들이 힘들어하는 것 같다.

　우리 형제 4명은 모두 키가 180cm 정도의 장신에 선이 굵은 외모인데 셋째 동생만 보통 키에 할머니 모습을 많이 닮아 다정하고 인정스럽게 보이는 외모다. 취업 전에 중장비학원에 다닌다며 우리 집에 와서 9개월을 함께 있었는데 중장비면허와는 상관이 없는 철도청에 취업한다. 그리고 영주에 근무하면서 어머님 돌아가시고 아버님이 혼자 안동 계실 때 아버님 집으로 동생 가족이 모두 내려와서 '96년에 1년 정도 영주까지 출퇴근하면서 아버님을 봉양한 효심이 깊은 동생이다.

'97년에 아버님 집을 처분하고 6남매 몫을 배분하면서 아버님 생활비 분담금을 결정할 때 당시 박봉에 셋째 동생 어려운 형편을 봐서 조금이라도 더 줬으면 하는 마음이야 있었지만, 아버님 생활비를 6남매가 똑같이 분담해야 하는 상황에서 어쩔 수 없이 선택한 결정이었으니 이해했으면 한다. 동생은 철도공사를 정년퇴직하고 생활력이 강한 제수씨가 자그마한 옷가게를 운영하면서 생활을 꾸려가고 있다. 동생 슬하에는 딸 둘과 아들 하나를 두고 있다.

넷째 동생은 열한 살 터울로 내가 초등학교 5학년 때 태어난 쌍둥이 중에 형이다. 하교해서 쌍둥이 동생을 둘째 동생과 각자 한 명씩 나눠 업고 동네 어귀 정자에서 데리고 놀던 기억이 생생하다. 동생이 대학 졸업하면서 기업은행과 한국도로공사 공채 시험에 모두 합격했을 때 형제가 같은 회사에 다니는 것보다는 기업은행으로 가는 게 좋겠다고 조언한 기억이 있다.

우리는 형제끼리 잘 어울렸다. 고향 안동에 가서 친구들과 어울린 횟수보다 형제끼리 어울린 횟수가 훨씬 많아 부모님은 무척 흐뭇해하신 것으로 안다. 어울려 놀다 술이 부족하면 늦은 밤 동생들에게 술 심부름을 보내기도 하고 형들이 밤새워 떠들고 이야기해도 시중을 잘 들던 동생이라 그러려니 했다. 언젠가 동생이 중년이 되어 함께 술을 마시던 중에 동생이 '이제는 저도 이야기 좀 합시다' 하면서 '어릴 적부터 호랑이 같은 형님 두 분께 듣는 훈련이 되어 직장 상사가 조금 심한 말을 해도 그냥 듣는 게 습관이 되어 나름대로 이만큼 성장한 게 아닌가' 생각한다고 말해서 한바탕 크게 웃었던 적이 있다.

동생도 세례 받았고 운동도 열심히 하고 자기관리가 철저하다. 여간해선 속내를 잘 드러내지 않는 성격이지만 유머도 있고 말도 재미있게 하는 편이다.

오래전 서울 동생 집에 갔을 때 침대도 없고 텔레비전도 없이 방에 매트만 깔고 살던 모습이 생각난다. 그때부터 온통 자식들 학업에만 투자한 것 같다. 동생은 기업은행을 정년퇴직하고 슬하에는 딸 둘이 있는데 첫째는 서울대학 수석 졸업하고 로스쿨을 마치고 수도권에 판사로 재직 중이며 사위 역시 법조인이다. 둘째도 서울대학원을 나와 대기업에 취업한 재원이다. 이 때문에 우리 집안에서는 자식들이 학급 우등생 정도로는 내놓고 자랑하거나 내세우지도 못했던 그런 아쉬움은 있었다.

다섯째 동생도 열한 살 터울로 쌍둥이 중에 아우다. 동생이 대구 우리 집에 오기 전 울산대학을 다니고 있을 때 우리 부부가 동생을 만나러 울산을 갔는데 동생이 먼저 마중을 나오기에 어떻게 알고 나왔느냐고 물었더니 옆방의 학우가 시내버스를 타고 오는데 동생과 너무 닮은 분이 울산대학 가는 방향을 묻기에 분명 네 형님이라는 생각에 알려줘서 부랴부랴 마중 나왔다며 길거리에서 만났던 추억이 있을 만큼 우리 형제는 많이 닮았다.

동생이 카이스트 졸업하고 삼성전자 입사했을 때 누구보다 반가웠고 보람도 있었다. 힘든 시기에 2년 넘게 뒷바라지한 보람 있다고 아내는 자긍심도 있었다. 그런데 언젠가 동생이 우리 집에 와서 대학 다닐 때 불면증으로 고생하고 힘들었다는 말을 했을 때는 무척 서운한 마음도 들었지만, 시간이 지나 '역지사지 易地思之' '겪어보지 않으면 모른다'는 말로 위안하면서 세상물정 모르는 동생이야 우리 신접살림에 임신과 유산, 출산과 육아에 대한 어려움을 어찌 알 수가 있었겠나? 알 수가 없었으니 그 나름대로는 갑갑하고 힘들었을 수도 있었겠지?' 하는 생각을 하며 동생을 이해하려고 한다.

아버님 와병 중에는 항상 빈손으로 오지 않고 뭐라도 사 들고 왔다. 그래서 빈손으로 오는 동생은 나무라지도 않으면서 엉뚱하게 "너는 형님께 아버지가 뭐가 필요한지 사전에 묻지도 않느냐?"라며 혼을 냈으니 동생은 서운했을 수도 있다. 동생도 성당에 다니고 형제 중에 가장 젠틀하고 성격도 원만한 데다 배려심도 깊다. 이런 인성을 잘 알기에 그랬던 건 아닐까 자문자답해 보기도 한다. 동생은 개인사업을 하고 슬하에 딸 둘과 아들 하나를 두고 있다.

    누님은 나보다 다섯 살 위다. 그 시대 여자들 대부분이 살아온 모습처럼 순종적이고 동생들에게 헌신적이었다. 특히 쌍둥이 동생 태어난 다음에는 어머님 육아와 가사를 돕느라 고생을 많이 했다. 결혼 전에는 오매불망 동생들 뒷바라지 특히 장남인 내게는 유별했던 탓에 결혼한 다음에도 누님은 자형보다 나를 더 챙겨줄 거로 착각할 정도였다.

    자형은 젊었을 때는 성품이 무척 깐깐한 편이셨는데 퇴직 후에는 가사를 전담하고 요리 솜씨도 수준급이라서 누님은 집에서 별로 하는 일이 없을 정도다.

    누님은 요즘 허리가 불편해 고생하고 있으며 전형적인 안동 사람으로 어쩌다 집안 문제로 전화라도 하면 항상 "그래도 어에

노 장남인 네가 참아야 한다."라고 결론을 내는 바람에 섭섭한 적도 있다. 누님께 전화하는 건 어떤 결론보다는 그냥 속내를 털어놓는 넋두리일 뿐인데…. 누님 슬하에는 아들 둘이 있고 자형은 공무원 정년퇴직하고 지금까지 살던 대구를 떠나 두 아들이 있는 서울로 이사가서 생활한다. 누님도 성당에 다니신다.

우리 6남매는 모두 성격이 만만치 않은 데다 애주가라서 만나면 항상 술을 즐겨 마시고 밤이 늦도록 어울리는 게 일상이다. 조금 시끄러워도 서로 평범하게 잘지내는 편이다.

아버님 생신 때 백암온천에서 6남매 가족이 함께(1998. 4. 26.)

제3부
영전에 올린 글

사부곡

 "아주 오래전, 내가 올려다본 그의 어깨는 까마득한 산처럼 높았다. 그는 젊고 정열이 있었고 야심에 불타고 있었다. 나에게 그는 세상에서 가장 강한 사람이었다."라는 어느 가수의 노랫말이 연상되는 젊은 날의 당신은 저에겐 까마득한 산이고 때로는 전능한 존재이기도 했습니다.

 어두운 밤길을 가도 당신은 전혀 무서워하지 않는 줄로만 알았습니다. 아무리 힘들고 어려운 일도 당신에겐 전혀 고통이 아닌 줄로만 알았습니다. 당신의 어려운 인생 역경도 모두 당신 책임인 줄로만 알았습니다. 그래서 저는 당신의 고통과 역경을 이해하고 함께하기보다는 민망스러워하고 때로는 도망치려고도 했던 철부지 불효함도 있었습니다.

어머님 병시중을 수년간 손수 하시면서도 언짢은 내색 한번 없으셨고, 어머님 돌아가신 다음에도 당신의 맑은 성품 탓에 홀로 계시려는 것으로만 여겼지 당신의 외로움을 제대로 이해하고 봉양하고자 노력하지는 않았습니다.
　당신이 병마와 수년째 싸우며 지칠 대로 지친 오늘의 모습에는 예전의 그 반듯하고 정정했던 모습은 간데없고 이젠 숨 쉬는 것조차 힘들어 호흡기에 의지하며 겨우겨우 연명하고 계십니다.
　그저께 당신의 눈빛에서 당신을 산처럼 생각하며 자랐던 이 아들을 그리는 모습이 역력하였습니다만, 저는 그 자리를 계속 지켜드리지 못하고 이렇게 떠나와서 사부곡을 부르고 있을 뿐입니다.
　수차례 고비를 넘기다 보니 당신의 가쁜 숨결에도 무덤덤해지는 이 불효가 미워집니다. 당신이 떠나가신 다음에 얼마나 후회하게 될지….

아버님 돌아가시기 하루 전에 쓴 글

영전에 올린 글

아버님을 추모하며

지금도 아버님이 거처하신 방에는 아버님의 체취가 곳곳에 묻어있습니다.

저희 출근할 때 창문 밖으로 내려다보며 배웅하시던 모습
화랑공원 잔디밭 벤치에서 동네 노인들과 담소하시던 모습
수요일마다 종이는 직접 챙겨 폐휴지통에 정리하시던 모습
수년간 병상에 계신 어머님을 지극정성으로 병시중하시던 모습
자식들이 잘못해도 이웃이 알까 쉬쉬하며 감싸주시던 모습
어려운 시절 가난한 형편에 모든 것을 감내하고 희생하셨던
아버님과 어머님은 저희에게 많은 것을 가르쳐주고 가셨습니다.
계실 땐 몰랐는데 떠나신 빈자리가 이렇게 큰 줄 몰랐습니다.

이젠 다시 뵐 수가 없고 저희 마음속에만 남아있습니다.

큰 수술을 두 번이나 하셨으면서도 기적처럼 일어났던 아버님이라서 그렇게 갑자기 돌아가실 줄은 전혀 예상하지 못하고 지난해 추석 전날 병원에서 인사드린 것이 아버님과 마지막이 되고 말았습니다.

아버님 상례에는 많은 친지분이 찾아와 진정으로 애도하고 장례식 때는 안동에 계신 아버님 친구분들이 장지까지 직접 오셔서 아버님 마지막 가시는 모습을 지켜봐 주셨습니다.

아버님 묘지는 생전에 점지해 주셨던 곳에 정성껏 모셨습니다. 아버님의 유훈과 세상 시류에 따라 삼우에 탈상을 하고 오늘 아버님 첫 기일제사에 잔을 올리며 삼가 아뢰옵니다.

2006년 아버님 첫 기일 제사에 올린 글 중에서

영전에 올린 글

어머니를 그리며

어머니 무명옷 낡은 치맛자락에는 저희 육 남매에 대한 진한 사랑과 향수가 묻어있었습니다. 어머니 발뒤꿈치 더덕더덕 갈라진 틈과 소나무 껍질보다 더 거칠었던 어머니 손바닥의 굳은살은 인고의 흔적이며 억척이었습니다. 어머니 굽은 허리 불편한 걸음걸이는 저희 육 남매 특히 막내 쌍둥이 동생들 잉태와 산고의 흔적이었습니다.

어머니는 몸살감기가 있어도 어머니 본인을 위해서는 정녕 약 한 첩 쓰신 적이 없었습니다. 이처럼 어머니의 깊은 사랑과 희생이 있었기에 저희 육 남매가 잘 자랄 수 있었지 않나 여겨집니다.

어머니는 제가 어린 시절 머리맡에서 많은 기도를 해주셨고 유독 제게 기대가 컸던 어머니는 꾸지람도 많이 주셨지만 철없던 저는 어머니를 너무 힘들게만 했습니다.

제가 부산에 있을 때 어머니가 오셔서 생선회를 맛있게 드시는 것을 보고 저는 어머니가 생선회를 즐기시는 걸 처음 알았습니다. 또 언젠가 부곡온천에 어머니를 모시고 가서 쌍둥이 동생들과 함께 가족탕에서 어머니 여윈 가슴과 등을 밀어 드린 것이 고작 효도였습니다.

제가 아들을 낳자 굽은 허리 땅을 물고 양팔을 휘휘 저으며 단숨에 달려오셔서 "야야 수고했다."라며 좋아하셨습니다. 병상에 눕기가 안타까웠던지 제 딸 운동회날도 안동에서 기차 타고 대구까지 바삐 오셨다가 당일로 분주히 돌아가셨던 어머니셨습니다.

병상에 눕게 되어 아버지와 함께 우리 집으로 모셨지만 불과 3개월 계시다가 자식에게 짐 된다고 불편한 몸으로 기어이 안동 집으로 되돌아가셨습니다. 어머니가 돌아가신 다음에 아버지 혼자 되시더라도 여기저기 자식들 집 돌아다니지 말고 서로 부담이 되더라도 장남 태현네 집에만 계시라고 신신당부하셨다는 말씀도 들었습니다.

어려운 살림살이 힘든 상황에도 새벽 일찍 일 나가시는 아버지를 위해 하루도 빠트리지 않고 간식을 준비하시고, 오랜 기간 병상에 누워 계시면서도 아버지의 지극한 사랑과 보살핌으로 항상 단정하고 깨끗하기만 하셨습니다.

마지막 임종 순간에도 출타하신 아버지를 뵙지 못하고 가실까 봐 1시간가량 눈도 제대로 감지 않고 계시다가 방문 열고 들어오시는 아버지를 보고는 '그동안 고마웠습니다'라고 너무나 뚜렷하게 말씀하셨습니다. 아버지가 '잘 가시게' 하며 눈을 감겨주시니 어머니는 기다렸다는 듯 지극히 평화로운 모습으로 주무시듯이 저희 곁을 떠나셨습니다.

아버지께서도 지난해 어머니 돌아가신 지 꼭 10년이 되는 음력 팔월(열이렛날)에 어머니 곁으로 가셨습니다. 어머니 산소 가까이 아버지가 생전에 점지하신 곳에 모셨으니 두 분이 평안하게 잘 계시길 바라옵니다.

저희는 내일모레 두 분을 뵈러 산소에 가 보려고 합니다.

그동안 어머니 제사에 축문을 드리지 못하다가 오늘 어머니 열한 번째 기일제사에 처음으로 축문을 올립니다.

2006년 어머니 기일제사에 올린 글 중에서

아버지의 모습

어느 날 아침 문득 거울 속에 비친 내 모습 속에
아버지의 진한 잔영을 발견하고 흠칫 놀랐습니다.
콧등에 심어진 가는 실핏줄이 너무도 똑같습니다.

약주 한잔하시면 오랜 시간 말씀 주신 탓에 무릎이 저렸던
역정을 잘 내는 성품 탓에 베풀고도 도리어 오해를 사는
그런 단점까지도 많이 닮은 내 모습에 그리움이 북받칩니다.

어려운 형편에도 항상 웃으며 생활하신 당신의 모습
할머니께 지극정성으로 효성을 다하셨던 당신의 모습
자식을 위해서는 모든 것을 희생하셨던 당신의 모습

영전에 올린 글

형제들에게는 양보하고 배려해주셨던 당신의 어진 모습
하루도 빠짐없이 새벽 일찍 일 나가셨던 당신의 성실한 모습
어머니를 지극정성으로 보살폈던 당신의 자상하신 모습
이런 당신의 좋은 모습을 제대로 본받지 못한 것 같아 죄송할 따름입니다.

어린 날 아버지와 같이 극장에 갔다가 통금시간이 임박해서 돌아오면서 자전거 뒤에 타고 있던 저에게 순사가 물으면 '제사에 다녀온다'라고 당부하셨던 말씀이 어린 마음에 얼마나 두렵고 겁이 났던지 이 모든 것이 당신과 함께했던 소중하고 아름다운 추억입니다.

얼마 전에 치아가 아파 치료를 받으며 인플란트 4개를 예약했습니다. 제 작은 아픔에는 이렇게 호들갑스럽게 지출을 아끼지 않으면서도 아버지 치아가 불편해 고생하고 계실 적에는 아무런 생각도 없이 틀니를 해 드린 것만으로 제가 효성을 다한 것으로 생색만 냈습니다.

제가 이렇게 아파보니 얼마나 불효를 했는지
"불효부모사후회不孝父母死後悔"를 절감합니다.

언젠가 식당에서 함께 식사하고 나오며 사용한 이쑤시개를 건네

주시며 당신은 이쪽으로 사용했으니 너는 반대편 거꾸로 사용하면 괜찮다며 제게 그 식당 이쑤시개를 건네주시기에 얼마나 민망하고 놀랐는지 지금 돌이켜 보면 당신의 그 알뜰하고 민망스럽던 모습까지 그립습니다.

지난 6월에 당신과 함께 거주했던 만촌동 아파트는 전세를 주고 새로 분양받은 대봉동 주상복합 고층아파트로 이사를 했습니다. 이전에 거처하던 집에서는 아버지 방에서 창문을 열고 밖을 내다보면 휴일이면 언제나 집에 계시는 것보다 화랑공원에 동네 노인들 만나러 빠른 걸음으로 지하주차장 통로로 나가시던 당신의 모습이 선하였는데 이젠 그런 느낌이 없어 허전한 마음이 들기도 합니다.

당신은 와병 중에도 우리 부부가 여행이라도 가려고 하면 동생들 오기 전이라도 불편한 내색도, 언짢으신 기색도 없이 빨리 가라고 당부하던 당신의 모습이 존경스럽고 본받고 싶습니다.

내일모레 우리 부부는 해외여행을 갑니다. 아들도 해외 봉사활동으로 곧 출국합니다. 당신의 큰 사랑이 존경스럽고 그립습니다.

2007년 아버님 제사 때 올린 글 중에서

영전에 올린 글

요양보호사를 준비하며

　자식은 자기도 모르게 부모님 삶의 모습을 닮아 가는 것 같습니다. 돌아가시기 5년 전부터 누워만 계셨던 어머님을 지극정성으로 보살피시며 직접 용변까지 받아주시던 아버님 모습을 보면서 그냥 닮고 싶었는지도 모릅니다.
　나이가 들어 부부 중에 어느 한쪽이 불편해지기라도 하면 다른 한쪽이 병시중 들며 아버님처럼 돌봐줄 수 있으면 좋겠다는 막연한 생각에 저희 부부가 함께 요양보호사 학원에 등록했습니다. 또 자격증이 있으면 가족요양수당도 받을 수 있는 경제적 혜택도 있답니다.
　누구나 피해 갈 수 없는 불가역적인 노화와 임종이란 과정을 배우면서 삶에 대해 한 번 더 직시하게 되고 성찰하는 계기가 되었습니다. 요양보호사 수강 전에는 내가 아내보다 조금 일찍 죽음을 맞이하는 것이 아내와 자식들을 위해서는 좋겠다는 생각이었습니다. 그러나 강사의 "요즘 세상은 임종할 때 좋은 요양보호사를 만나는 것이 오복 중에 가장 으뜸이다."라는 말을 듣는 순간, 어머님이 임종하실 때 아버님 돌아오시기를 기다리셨다가 "그동안 고마웠습니다."라는 말을 하시고는 지극히 평화로운 모습으로 임종하신 어머님 모습이 겹쳐졌습니다.

무섭게만 느껴졌던 죽음에 대한 생각도 많이 바뀌었고, 나도 아버님처럼 아내의 평화로운 삶을 위해 최선을 다해야겠구나 하는 사명감 같은 것도 들었습니다.

우리나라는 '26년부터 초고령화 사회가 되고, 또 100세 시대가 아닌 120세 시대가 된다는 말이 과연 축복인지? 아니면 재앙이 될지? 국가사회와 함께 개인 스스로 많은 준비와 노력이 필요하다 여겨집니다.

자격시험 준비생 대부분이 구직을 위한 주부들인데 공무원연금까지 수령하는 70대 부부가 자격시험을 준비하니 처음에는 의아해하면서 '요양보호센터를 설립하려고 하는가?' 하고 묻는 사람도 있었습니다만 체계적인 간병인 역할과 기회가 되면 봉사도 할 생각이라며 의중을 밝히고 학원에 다녔습니다.

오랜만에 부부가 함께 잠을 설치며 새로운 것을 배우는 기쁨과 자격시험에 떨어지기라도 하면 어쩌나 하는 묘한 긴장감, 또

시험을 친 다음에 찾아오는 해방감, 그리고 시험에 합격한 후에 오는 약간의 성취감도 느꼈습니다. 주변에 아내는 시쳇말로 복지 3대 스펙(사회복지사, 간호사, 요양보호사)과 행정사 자격증까지 두루 갖춘 복지 고급인력이라고 주책스럽게 자랑도 합니다. 또 손주들에게는 할아버지와 할머니가 공부하는 모습도 보여준 좋은 기회가 되지 않았나 여겨집니다.

어머님 와병 중이실 때 요양보호사 제도가 있었으면 하는 아쉬움과 장모님 요양병원에 가시기 전에 일찍 요양보호사 공부를 했더라면 많은 도움이 되었을 텐데 하는 생각이 듭니다. 그래서 딸한테도 시간이 되면 요양보호사 공부하면 좋을 것 같다고는 했는데 현실적으로 직장 근무 때문에 시간을 낼 수가 없으니….

우리 부부는 함께 살아 있는 동안에는 어느 한 사람이 건강이 나빠지더라도 건강한 사람이 아버님처럼 지극정성으로 보살펴주면서 같이 생활할 생각입니다. 만약에 어느 한 사람이 먼저 세상을 떠난 다음에는 남아있는 사람의 건강이 많이 나빠지게 되면 그때 우리 형편에 맞는 요양원 등에 입소하여 자녀들에게는 부담을 주지 않기로 서로 약조도 하였습니다.

2022년 부모님 영전에 올린 글 중에서

할아버지와 할머니를 그리워하며

　할아버지를 그리면 사랑채에 꼿꼿이 앉으셔서 상체를 조금씩 흔들며 소리 내어 글을 읽으시던 모습과 천자문, 동몽선습, 명심보감 등을 가르치시던 모습이 떠오릅니다. 장신에 흐트러짐 없는 자세로 겨울이면 한복 두루마기 위에 검은 망토를 걸치고 갓을 쓴 근엄한 모습은 사극에서 연출된 배우의 모습보다 훨씬 위풍당당한 전형적인 안동 선비의 모습이었습니다.

　학창 시절 거리에서 할아버지를 뵙게 되면 주변에 누구보다 훌륭한 모습에 우쭐하기도 하고, 누군가 할아버지는 마치 산신

령 같다고도 했습니다. 언젠가 고개 넘어 종가댁 사랑채에 계시다가 저를 불러 문중 어른들께 인사시키고 저를 앞세워 집으로 온 적도 있습니다. 어린 시절 막냇삼촌과 다툰 일로 할아버지께서 꾸짖었는데 저는 그게 그렇게 서러워서 집에 와서 어머니께 할아버지는 삼촌 편만 든다고 울면서 고자질했는데 도리어 어머니께 혼쭐만 더 났던 코미디 같은 추억도 있습니다.

  할머니 거처하시던 안방에 황토장판 도배하던 추억도 생각납니다. 고운 황토를 채로 걸러 찹쌀죽으로 반죽한 다음에 방바닥에 여러 겹 도배질하고 며칠에 걸쳐 들기름 칠하고 말리던 모습이 생생합니다. 지금 생각하니 최고의 황토방이었습니다.

  저는 할아버지가 한 번도 언성을 높이거나 화를 내시는 것을 본 적이 없습니다. 그런데 할아버지 동생들까지도 할아버지를 두려워하고, 이웃끼리 심한 다툼을 하다가도 할아버지 택호인 '도날댁 어른'이 지나간다면 일순 모두가 싸움을 멈추고 조용했다는 일화가 있을 정도였습니다.

  고교 시절 인편으로 보내주신 석 장 분량의 두루마리 장문의 편지글 속에는 맏손자인 저를 지극히 아끼심이 절절하였습니다. 항상 바른길로 가고 잘 성장하기를 기원하시며 부모님께 본

받을 점과 집안 내력, 또 할아버지가 걱정하시는 점까지 소상하게 가르쳐주셨습니다. 할아버지 편지는 우리 집안에서는 누구도 받아보지 못한 귀한 가르침이셨습니다. 당시 노구老軀임에도 불구하고 홀로 원행遠行까지 하시면서 저를 직접 찾아오셔서 위로와 격려를 해주신 할아버지의 그 사랑이 그립고 고맙습니다.

할아버지가 운명하신 때와 비슷한 시간대에 제가 교통사고를 당했는데 사고상황보다 가볍게 다치고 무리가 없었던 것은 어떻게 보면 할아버지가 저를 대신해 액운을 막은 것은 아닐까 하는 생각이 들기도 합니다.

그동안 할머니 산소는 부모님 산소와 가까이 있어 매년 벌초와 성묘를 했습니다만, 할아버지 산소는 조금 거리가 떨어져 있고 큰집에서 산소를 관리한다는 핑계로 자주 찾아뵙지를 못했습니다.

돌아가신 조상님과는 제사라는 만남의 장을 통해서 후손들이 용서를 구하고 화해하는 기회를 얻는 것은 아닐까 하는 생각을 하면서 또 돌아가신 분은 스스로 보속할 수가 없기에 세상에 남은 사람 특히 후손들의 기도를 통해 구원을 얻을 수 있다고 하는 말씀을 깊이 새기며 할아버님 할머님 아버님 어머님 평안히 영면하시길 기도드립니다.

2023년 부모님 영전에 올린 글 중에서

숙모님 묘지 앞에서

분홍빛 순정을 가슴에 고이 간직하고
스무 살 꽃다운 나이에 전쟁 청상이 되셔
핏덩어리 딸자식 누님 한 분 데리고
모진 세월 어렵게 일생을 살다 가신 분

사십여 년 청상의 나날이 얼마나 외롭고 힘드셨으랴
가슴에 맺힌 한을 풀기라도 하듯
마음에도 없는 모진 말로 넋두리하시던
당신의 여린 모습이 눈에 선합니다

생전에 유별나게 정을 주셨던 이 조카는

산소가 지척인데 성묘 한번 제대로 하지를 못했습니다
오늘, 오랜만에 누님과 함께 당신 앞에 서서
그 여리고 곱던 모습을 그리며
영전에 두 손 모아 기도드립니다

외롭고 어렵게 살다 가신 만큼
천상에서는 부디 평안하게 영면하시길 빕니다,

        현대공원 숙모 묘지를 다녀와서

영전에 올린 글

제4부

신변잡담

삼 형제 이야기

어떤 부자에게 아들 셋이 있었는데 그 부자가 유산으로 아들 셋에게 공평하게 땅을 나누어 주면서 '땅속에 금은보화를 숨겨 두었으니 땅을 일구어서 금은보화를 찾아보라' 하고 유언을 남기고 죽었단다. 그래서 욕심 많고 성질 급한 첫째 아들은 일확천금을 노려 자기 몫의 땅을 무리하게 모두 깊이 파며 금은보화 찾기에만 급급하다가 금은보화가 나오지 않자 크게 실망한 나머지 과로로 쓰러진다. 약삭빠른 둘째 아들은 형의 그런 모습을 보고는 다른 일을 하면서 짬을 내어 무리하지 않게 며칠에 한 번씩 와서 오랜 기간 땅을 파봤지만, 그 역시 땅속에는 아무것도 나오지 않자 부모님을 원망하며 그 땅을 헐값에 모두 팔아버린다. 그러나 셋째 아들은 아버지 유언대로 순명하며 수십 년간 성실하게 그 땅을 깊이 파고 잘 일군 탓에 그 역시 금은보화는 없었지만, 대신에 농작물을 잘 가꾸어 큰 부자가 되어 자손 대대로 농장을 경영하며 잘 살았다는 이야기가 있다.

 산을 오르다가 보면 초보자이거나 준비가 부족한 사람은 정상만 자꾸 쳐다보며 산 정상까지 얼마가 남았는지 묻고 계산만 하다가 제풀에 지쳐 중도에 포기하는 경우가 많다. 그러나 유능한 사람은 출발하면서 목표를 정해 만반의 준비를 하고 산을 오르기 때문에 휴식을 취할 때도 정상보다는 걸어온 길을 되돌아보면서 보람을 느끼고 걷기 때문에 즐거운 마음으로 정상에 오를 수가 있단다.

 인생이란 길고 험한 산을 어떻게 하면 기쁘게 오를 수 있을까?

 무조건 열심히 노력한다고, 막무가내로 절약하고 저축한다고 모든 사람이 성공하고 부자가 되는 것은 아니다. 너무 열심히 살려고 아등바등하면서 자기 그릇보다 큰 재물이나 직위를 탐하다가 도리어 그것이 화가 되어 불행해지는 경우를 우리는 종종 보기도 한다.

인생에서 성공은 경쟁에서 이기는 것이 아니라 나 자신에게 얼마나 충실하였고 가족과 주변에 얼마만큼 사랑받고 필요한 존재였던가에 있는 것은 아닐까?

 셋째 아들마냥 '부모님이 주신 거니까' 하면서 기쁜 마음으로 주어진 몫을 받아들이는 긍정적인 생활 태도가 바람직하다고 생각한다.

'우생마사牛生馬死'의 지혜

　깊은 저수지에 소와 말을 동시에 빠뜨리면 둘 다 헤엄쳐서 뭍으로 빠져나온다. 말은 헤엄 속도가 훨씬 빨라 소의 두 배의 속도로 뭍으로 빨리 나온다. 이렇듯 말 헤엄 능력이 훨씬 빼어나다. 그런데 큰 장마로 불어난 급류에는 이야기가 전혀 달라진다. 소와 말이 동시에 급류에 떠밀리면 소는 살아서 나오는데 말은 물에 빠져 죽기 십상이란다. 말은 헤엄을 잘 치기 때문에 자신의 능력만을 믿고 물살을 거슬러 오르기만 반복하다가 체력이 다해 죽게 되지만, 소는 물살을 거슬러 오르지 않고 그냥 물살에 몸을 맡기고 하염없이 떠내려가다 얕은 뭍을 만나면 엉금엉금 기어 나와 살게 된단다. 참 신기한 일이다. 헤엄을 두 배나 잘 치는 말은 물살을 거슬러 오르다가 힘이 빠져 익사하게 되고, 헤엄이 둔한 소는 물살에 편승해서 떠내려가면서 조금씩 강가로 나와 목숨을 건진다.

이것이 유명한 '우생마사' 이야기다.

자신의 능력만을 믿고 능력만 있으면 다 잘될 거라는 착각에 빠져 대세를 그르치지 말라는 경계의 이야기이다.

덧붙여 약관에 장원급제가 재앙이라는 말도 있다. 세상에 누구나 부러워하는 약관에 장원급제가 재앙이라니? 이것 또한 너무 일찍 어려움을 모르고 승승장구하다가 보면 자칫 교만해지기가 쉽고 자만에 빠져 어려움을 겪을 수 있으니 항상 겸손하고 자기관리를 철저히 하라는 또 다른 경계의 말일 것이다.

또 운칠기삼運七技三이라는 말도 있다. 운이 칠 할이고 재주와 노력은 삼 할이라는 말인데, 노력 없이 그냥 운만 기대하라는 말은 아니고 재주를 바탕으로 운이 따르도록 준비하고 노력하라는 말이다.

재주가 아무리 빼어나도 운이 맞지 않으면 성과가 따르지 않고 운이 아무리 좋아도 준비와 노력이 없으면 아무것도 아니라는 것이다. 운과 기는 상호 보완적인 관계로, 누군가 복권에 당첨되는 행운도 최소한 복권 사는 수고와 복권값에 투자하는 준비와 노력 없이는 복권 당첨은 도저히 이룰 수 없다는 것이라고 비유하기도 하더라. 세상에 공짜란 없다.

서재에 있는 액자 이야기

　12대 조부이신 계암溪巖 할배는 『계암일록溪巖日錄』(40여 년 기록한 일기)과 『수운잡방需雲雜方』(우리나라 최초의 한자 요리서) 후편을 저술하고 완성하셨으며 퇴계 학통을 계승하신 분이다. 우리는 어릴 적부터 그분의 자손임을 자랑스럽게 여기며 외부에 자신을 소개할 때는 항상 "광산김가光山金哥 설월당雪月堂; 김부륜 14세손, 계암 할배 자손 아무개입니다."라고 말하는 것이 정형화될 정도였다.

　문중에서 두 분(설월당, 계암)의 문집을 읽기 쉽도록 한글로 주석을 달아 새롭게 편찬해서 보냈다. 서재를 정리하면서 이 한시를 액자에 담아 보관했으면 하던 중에 퇴계의 후손으로 한학자이신 직장동료의 부친(이원흡)을 만나 글을 받는다. 다른 한

점은 초등학교 6학년 담임선생님께서 명심보감에 있는 내용을 써주신 글로 액자에 담아 서재에 걸어두고 있다.

김영金玲 계암 할배 한시

「歲暮세모」

節物依然歲欲移절물의연세욕이
老來情境鬢毛知노래정경빈모지
虛抛少壯成何事허포소장성하사
倍覺光陰迅此時배각광음신차시
雷鼓殷天輞有響뇌고은천횡유향
雪窓終日澹無思설창종일담무사
髫年取適眞堪笑초년취적진감소
屈指新正每恨遲굴지신정매한지

　　　　　錄溪巖先生詩歲暮壬午臘月眞城李源翕
　　　　　　록계암선생시세모임오납월진성이원흡

「세밑」

철 따라 나는 물건節物은 다름이 없는데依然 한 해가 바뀌려 하고

늙어 오는老來 정취와 풍치情景는 귀밑털鬢毛이 알리네
젊은 한창 시절少壯을 헛되이 버렸으니虛抛 무슨 일何事을 이룰꼬?
세월光陰이 빠른 것을 이때此時에서야 갑절이나 깨달倍覺았네.
천둥소리 울리는雷鼓 하늘에는殷天 큰 소리가 울리고 있고有響
눈 내리는 창雪窓에는 종일토록 담담하여 아무 생각이 없네無思.
다박머리 아이髫年들의 엉뚱한 행동取適은 진실로 우스움을 견디고
손꼽아 기다리는屈指 설新正이 매양 늦음을 한탄恨遲하네
-계암문집 350쪽에서 발췌한 한시

정도 선생님 글

讀書起家之本독서기가지본
循理保家之本순리보가지본
勤儉治家之本근검치가지본
和順齊家之本하순제가지본
此所謂居家之本也 秋庭차소위거가지본야 추정

글을 읽는 것은 집안을 일으키는 근본이요.
이치에 따르는 것은 집을 잘 보존하는 근본이요.

신변잡담

부지런하고 검약하는 것은 집을 잘 다스리는 근본이요.

화목하고 순종하는 것은 집안을 가지런히 다스리는 근본이다.

— 『명심보감』 입교편에서 발췌한 글

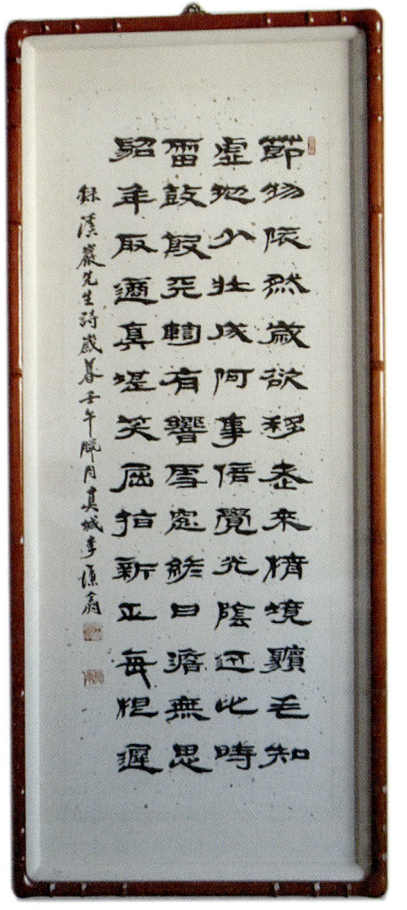

계암 할배 한시와 정도 선생님 글

소백산

　소백산 가까이 근무할 기회가 있어 시간만 나면 마라톤으로 사인암과 상선암, 죽령고개를 셀 수 없을 만큼 많이 달렸다. 소백산, 도락산, 월악산, 금수산, 황정산을 오르며, 구인사, 희방사, 고수동굴, 노동동굴, 천동동굴, 온달동굴, 남천계곡, 다리안계곡, 선암계곡 등을 두루 섭렵한 탓에 단양사람보다 단양에 더욱 매료되고 많은 추억이 묻어있어 정녕 잊을 수 없는 곳이다.

　눈 덮인 소백산이 너무 좋고 이곳을 떠나면 쉽지 않다는 생각에 새벽 3시에 천동지구를 출발해서 비로봉과 연화봉을 거쳐 희방사로 내려오면서 눈 덮인 소백산의 감회를 적어본 글이다.

　흰 눈을 머리에 가득히 이고 비로봉을 정점으로

국망봉과 연화봉을 가로지르며 동남으로 흘러
백두대간 정맥을 관통하는 웅비 찬 소백산 줄기

제1연화봉에서 바라본 눈 덮인 비로봉의 모습은
우윳빛 소담스러운 여인네 젖무덤 같기도 하고
미끄럼 타던 동네 어귀 뫼 봉우리 같기도 하다.

잘난 척 우뚝 솟지도 유별나게 멋 부리지도 않은
온 사방을 아우르는 어머님 품속 같은 아늑함과
누님의 치마폭 같은 넉넉함을 지닌 산이라서 좋다.

나뭇가지마다 주렁주렁 매달린 얼음 방울은
햇살에 보석처럼 반짝이고,
눈보라로 치장된 주목의 군락은
옛날 풍기장터에 운집한 봇짐 행상 무리 같기도 하다.

비로봉 정상에서 살을 에는 듯한 칼바람을 맞으며
위선, 교만, 나태함은 모두 날아가길 바라고
겸손함과 배려하는 사랑이 바람처럼 스며들기를

이렇게 소백에 오를 튼튼한 다리가 있어 나는 행운아고
눈 덮인 소백의 아름다움과 함께할 수 있음에 행복하다.

애미가 愛美家

수년 전에 전원주택 이름은 정했으면서도 차일피일하다가 오늘 현판을 만들어 대문 옆에 단다.

'애미가'
경상도 방언으로 어미를 정겹게 부르는 의미를 두어 딸과 며느리에게 편안한 안식처가 되기를 바라는 마음을 담고

'愛美家'
사랑과 아름다움이 함께하는 가족 중심의 보금자리라는 의미를 더하고

'ME Family'

Marriage Encounter

항상 결혼의 의미를 되새겨 보면서

부부는 주님이 맺어준 소중한 인연으로

서로 이해하고 배려하면서 살아가자는

ME 가족의 의미를 새긴 전원주택의 현판이다.

전원주택의 愛美家 현판

일출과 동시에 십자고상에 비친
아침 햇살의 신비

  우리 세대 남자들 대부분은 은퇴 후에 시골에 가서 살면서 텃밭도 가꾸고 전원생활 하는 것을 로망으로 삼았다.

  나 역시 은퇴 후에는 주 생활근거지 대구와 가까운 곳에 전원주택(속칭 세컨하우스)을 지어 살아 볼 생각으로 2000년 초부터 택지를 물색하던 중에 경상북도 영천에 마땅한 개발 택지가 있어 2015년 3월부터 주택을 짓기 시작한다.

  건축업자가 추천하는 건축설계는 대부분 모양이 비슷한 것이 많아 스스로 인터넷으로 검색하고 연구해서 내 마음에 드는 설계도를 제작해서 목조주택을 짓도록 건축업자와 계약을 맺는다.

  설계도를 작성하기 전에 여러 차례 택지를 돌아보면서 바람의 방향과 일출, 일몰시각, 채광, 소음, 출입문 위치 등에 많은 연구를 하고 전문가에게 자문을 얻어 동남향으로 일출과 동시에 거실에 햇볕이 들고 일몰 때까지 채광이 좋도록 주택 위치를 정한다.

차음 효과가 높은 자재를 쓰고 지형적으로 조금 낮은 동쪽 방향 대지는 석축 공사한 다음에 대문을 달고, 보도를 깔아 창고와 주차장은 별채로 건축한다.

거실 높이는 3.6m로 건축하고 거실문(2m 높이) 위쪽에 동쪽으로 정사각형 채광창(55cm×55cm) 1개와 남쪽으로도 똑같은 크기의 채광창 3개를 설치해서 거실에 햇볕이 잘 들도록 한다.

거실 서쪽 벽면 위에는 예수님 십자고상을 모시고 십자고상 바로 아래는 성모상을 모셔 현관문을 열고 거실을 들어서면 가장 먼저 맞이할 수 있도록 했다.

전원주택을 지은 지 2년이 조금 지난 '17년 11월 10일 아침에 일어나 아침기도를 하려고 예수님 십자고상을 바라보니 동쪽 채광창으로 아침 햇살이 십자고상 정면에 선명하게 비치는 것을 발견하게 된다. 그 시각(7시 12분)부터 약 10분가량 3일 동안 일출과 동시에 십자고상에 아침 햇살이 비친다. 3일이 지나면 지구의 기울기 때문에 아침 햇살이 비치는 각도는 점점 오른쪽 아래 방향으로 내려가지만, 매년 11월 10일 7시 12분이면 일출과 동시에 십자고상에 아침 햇살이 정면으로 비치는 현상을 체험한다.

건축설계 당시에는 전혀 예상하지 못한 현상이지만 신앙을 가진 우리는 그저 감사하고 신비할 따름이다. 가까운 교우에게 이 현상을 이야기했더니 그분이 일출시각에 십자고상에 비친 아침 햇살도 신비지만, 그 시각에 그것을 발견한 스테파노가 더 신비롭고 은총이라며 덕담까지 해준다.

그 후부터 십자고상과 성모상 주위를 유심히 살폈더니 이듬해 '18년 3월 27일 10:30~11:30 사이에는 십자고상 위 천장에 거실 남쪽 채광창 바닥에서 반사된 햇빛이 비추어지는 현상을 또 발견하게 된다.

매년 성탄을 앞둔 시기에 십자고상에 비치는 일출 햇살과 부활을 맞이하는 시기에 십자고상 위 천장에 비치는 반사 햇빛은 우연한 자연현상이지만, 주님을 섬기는 천주교인으로서는 신앙심을 더욱 굳게 하라는 주님의 은총이라 여기며 매년 이맘때는 경건한 마음으로 주님께 기도하게 된다.

십자고상에 비친 일출 햇살(2020.11.10. 07:13)
거실 천장에 비친 반사 햇빛(2021.3.28. 11:00)

겪어보지 않으면 모른다

고향 가까운 곳에 근무할 기회가 있어 조부님 제사에 참배하기 위해 제사 당일에 술을 사서 가지고 간 적이 있다. 기껏 조상 제사에 올릴 술 몇 병을 사 가면서 큰집에 제주를 준비한다고 이야기하기도 뭣하고 해서 그냥 가지고 가면 큰집에도 도움이 되겠지, 하는 생각과 그것이 마치 조부님께 효를 다하는 것 같다는 생각에서였다.

부모님 돌아가시고 직접 제사를 모셔 보니 그게 아니라는 것을 알게 된다. 제사에 쓸 제수품은 수일 전부터 준비할 수밖에 없고, 어쩌다 제사 참배하는 참배객이 가져온 제수품 때문에 수일 전부터 정성 들여 준비한 제수품은 뒷전에 두고, 참배객이 가져온 제수품을 쓸 수밖에 없어 경제적으로도 별로 도움이 되지 않음을 그제야 알게 된다. 제주를 준비한다고 내가 먼저 연락을 했더라면 큰집에서는 별도로 제주를 준비하는 수고도 덜고 경제적으로도 도움이 되었을 텐데….

아버님이 경제활동을 마치고 수입이 없을 때부터는 내가 매달 30만 원을 부담하고, 동생들(4명)은 20만 원을 모아 매달 50만 원씩 보내드렸고 어머님 돌아가시고 아버님이 집을 처분한 다음부터 돌아가실 때까지는 6남매가 각자 10만 원씩 부담해서 매달 60만 원씩 보내드렸으니 경제적으로는 큰 어려움 없이 생활하실 수 있었지 않나 생각한다. 아버님이 수술하고 와병 중이실 때는 평일(5일)에는 우리가 집에서 병 시중을 전담하고, 동생 4명과 누님은 순번을 정해 주말(5주에 1번씩)마다 우리 집으로 와서 아버님을 시중드는 것으로 했다. 동생들의 협조 덕분에 아버님 와병 중에도 우리 부부는 전국 마라톤대회에 참가할 수 있었고, 가족이 중국여행까지 다녀올 수가 있었다.

그런데 참 이상했다. 빈손으로 우리 집에 오는 동생에게는 서운함도 없었는데, 아버님 선물을 사 오는 동생 중에 아버님께 무엇이 필요한지 묻지 않고 선물을 사 오는 동생에게는 아쉬움이 컸다. 반면에 매번 물어보고 선물을 사 오는 동생에게는 고마운 마음이 컸다. 왜 그랬을까? 기대치가 높아서 그런가?

언젠가 아버님 생신이 평일이라 가족 모두가 참석하기 좋은 주말을 택해 1박 2일로 소백산 인근 펜션을 얻어 집안 어른들을 모시고 생신 잔치하는 것으로 했다. 장남은 아버님을 모시고 있으니 비용은 동생이 부담한다고 하는데 왜 그렇게 마음이 불편했는지 모르겠다.

안동에 아버님 혼자 계실 때 똑같이 6남매가 아버님을 모시고 울진 백암온천으로 가서 아버님 생신 잔치를 했는데, 그때는 숙소를 비롯해 상당 부분을 내가 부담하면서도 마음이 불편하기는커녕 마냥 기뻤는데 왜 그랬을까?

아버님을 모셔 보니 누가 생신을 별도로 준비한다고 해도 생신 날짜와 행사일이 다르면 생신 당일을 그냥 보내지 못하는 부담과 행사장이라도 멀면 이동하는 수고도 만만치 않은데 이런 것을 외면당한다는 서운함이 아닐까 싶다. 같은 상황인데도 이렇게 느낌이 다르고 기분에 차이가 나니 참 이상한 일이다.

가족 중에 누군가 지병으로 앓아눕게 되면 처음에는 지극정성으로 병 시중을 잘 하다가도 투병 기간이 너무 길어지거나 예상치 못한 일로 어려움을 겪는 상황이 발생하게 되면 그때부터 환자의 고통과 상태는 안중에 없이 마음에도 없는 말을 하게 되는 경우가 종종 있다.

형제같이 가깝게 지내는 후배가 3형제 중에 막내이면서도 모친을 40여 년 지극정성으로 모셨다. 그 모친이 돌아가신 다음 언젠가 통음하면서 '어머니가 살아계실 때 몇 번인가 마음에도 없는 말을 했다'라고 하면서 가슴 아파하는 상황을 본다. 직접 부모님 병구완을 해 보지 않으면 알 수 없는 애환과 갈등이다.

어머님이 돌아가셨을 때는 아버님이 장례비용을 주관하셨지만, 아버님이 돌아가시고는 장례절차와 장례비용 등 모든 것을 장남인 내가 주관할 수밖에 없었다.

그때까지 5형제가 모두 직장생활을 하고 있어서 부의금은 적지 않게 들어왔다. 부의금 중에 장례비용을 제하고 남은 금액 중에 6남매 몫으로 들어온 부의금을 각자 확인하고 배분한다. 동생 중에 1명은 본인 몫의 부의금 절반 정도만 배분(절반이어도 적지 않은 금액)하고, 나머지 4명은 모두 본인 몫의 부의금에 육박하거나 초과되는 금액을 배분한다. 그런데 배분금의 절댓값에 차이가 있다 보니 불만을 표하는 동생이 있다고 후일 듣게 된다. 정작 본인 몫 부의금의 절반밖에 배분받지 못한 동생은 고마워하는데…. 공정과 공평함이 참 어렵다는 생각이 든다.

    전원주택 텃밭에 유기농을 해 보면 손은 두세 배 더 가도 시중에 파는 채소보다 크기나 모양이 영 부실해 말이 아니다. 그래도 수확이 많은 경우에는 주변에 나눠주기도 한다. 그때 그 채소를 그냥 주기가 뭣해서 일일이 다듬고 정리하는 일이 여간 성가신 일이 아니다. 우리가 먹는 채소는 시들고 흠이 있더라도 그냥 먹는데 정작 선물로 주는 채소는 그중에서 가장 싱싱하고 흠이 없는 것을 골라서 줄 수밖에 없다.
    오래전에 어떤 분에게 유기농 채소를 선물 받아 집에 가지고 와서 보니 하찮은 것 같아 뭘 이런 걸 선물하냐고 대수롭지 않게 여겼던 적이 있다. 내가 텃밭에 유기농을 재배해 보니 그 정성을 그제야 알게 된다.
    세상에는 겪어보지 않으면 알 수 없는 경우가 참 많다.

자형과 통화하고 나서

    오늘 자형과 전화를 했다. 20대에 우리 집안과 인연을 맺었는데 올해 팔순이다. 젊었을 땐 무척 날렵하고 깐깐했던 분이셨는데 전화음으로 들리는 목소리가 뭔가 달관하고 느슨한 말투다.
    이제는 하루하루 무료하게 지내기가 지겹다고 한다. 즐기던 술도 건강 때문에 못 마시고, 주변에서 안부를 묻는 전화도 없다며 넋두리하신다. 본인 역시 딱히 전화할 곳도 없단다.
    그렇게 팔팔하던 자형이 이토록 나약해지셨나 하는 생각에 우울해진다. 시력도 청력도 여기저기 모두 종합병원이란다. 더 이상 진료받기도 싫단다.
    자형요! 그래도 누님보다는 오래오래 건강하게 살도록 하이소. 허리 아프고 여기저기 불편한 우리 누님! 자형 없으면 천덕

꾸러기 될까 두렵습니다.

    농담 중에
    인생 육십 잘난 사람이나 못난 사람이나 똑같고,
    인생 칠십 잘 배운 사람이나 못 배운 사람이나 똑같고,
    인생 팔십 돈 있는 사람이나 돈 없는 사람이나 똑같고,
    인생 구십 건강한 사람이나 아픈 사람이나 모두 똑같고
    인생 백 세에는 집에 있으나 산에 있으나 다 똑같다는 말이 있습니다. 이걸 돌이켜 깊이 생각해 보면
    인생 육십에는 용모를 더욱 단정하게 가꾸라는 경구로,
    인생 칠십에는 인격관리에 더욱 매진하라는 경구로,
    인생 팔십에는 재산관리 제대로 해야 한다는 경구로,
    인생 구십에는 아픔을 벗 삼아 잘 견디라는 경구로,
    인생 백 세는 마지막을 잘 마무리하라는 경구로 들립니다.

    삶과 죽음이 전혀 다른 것 같지만 사실은 같은 것이 아닐까요?
    살다가 보면 언젠가는 피할 수 없는 죽음을 사는 동안 기쁘고 행복하게 살도록 해야지요.

신변잡담

조선시대에는 '삼강오륜'이 요즘은 '삼관오자'가 대세랍니다.

1관) 관절을 튼튼하게

2관) 관계를 중시하고

3관) 관심을 집중해서

1자) 놀자

2자) 쓰자

3자) 베풀자

4자) 웃자

5자) 걷자 라고 합니다.

자형하고 통화한 다음에 적어본 글이다.

막내처남에게 책을 선물하면서

부부가 평생을 큰 문제 없이 아웅다웅 살아간다는 것은
다른 한편으로 보면 큰 은총이고 신비라고 할 수 있다.
평생을 살면서 다투지 않고 사는 부부가 과연 얼마나 될까?
부부 싸움과 화해하는 방법을 우리는 얼마나 알고 있을까?
또 얼마나 알려고 노력하는가?

방법을 몰라서 힘들게 사는 부부가 많다고 하기에 서로 간에
도움이 될까 싶어서
『나는 왜 가족이 힘들까?』
『우리 부부 어디서 잘못된 걸까?』라는 책을 각각 2권씩을 사서
우리 부부도 함께 읽어 보기로 하고

처남 부부에게도 2권을 선물하니

처남댁과 서로 책을 돌려서 보고 나서

느낀 바를 진솔하게 토론도 하고 술도 한잔하면서

더욱 금실 좋은 부부로 살아가기를 바라는 마음을 담아 이 책을 선물한다.

막내처남에게 책을 선물하면서 적어 보낸 글

코로나 팬데믹을 겪으며

빼앗긴 들에도 봄은 오는가?
이상화 시인의 시가 떠오른다.
세상이 온통 신종 코로나바이러스로 혼란과 불안, 공포와 충격, 분노가~ 스스로 사회적 거리 두기를 실천하고자 전원에서 우리 부부만 기거한 지 달포가 된다.
기하학적으로 늘어나는 확진자 숫자에 아침마다 TV 켜기가 두려워지고 마스크 때문에 길게 늘어선 인파 행렬, 병상이 없어 자가격리된 수천 명의 환자들 모든 공동체의 생활체계가 무너지고, 은둔과 외톨박이 거주만 강권되는 지금이다.
난리가 한국동란 난리는 견줄 바가 아니란다. 한 번도 경험하지 못한 상황이 이런 걸까? 사회적 거리 두기가 사회경제적 돌연변이로 온전한 종교활동마저 눈총을 받을까 두렵다.

우리 집 초상인데 이웃집 문상 가는 후안무치 사람마다 위치 따라 기준을 바꾸는 보건위생 이런 상황에도 책임 전가에만 혈안이 되어 제대로 된 사과 없는 뻔뻔함에 더욱 서글퍼지는 오늘이다.

언젠가 코로나로 봉쇄된 대구에도 봄은 찾아오겠지?
우리 집 정원에 봄소식 전하며 위안해 본다.
매서운 추위를 이겨내고 새봄을 기다리는 홍매화, 산수유, 모과나무에도 꽃망울이 맺히며 꽃 피울 준비가 한창이다.
공동체 일상이 정지된 듯한 지금이지만 이 또한 장래(?)를 위한 훈련이라 여기며 전원에서 유유자적할 수 있음에 감사하며 주일미사 없는 사순 시기를 보낸다.

꾸지뽕잎 차

전원주택 정원에 재래종 꾸지뽕나무 두 그루를 심었더니 제법 많이 컸다. 꾸지뽕나무는 5월에 잎을 채취해서 차로 만들어 마시면 최고라고 한다. 이른 봄에 꾸지뽕 잎을 채취하면 하얀 진액이 뿜어져 나오는 게 신기하다.

차를 좀 아시는 분이 어떤 차보다 꾸지뽕잎 차가 제일이라고 부추긴다. 그래서 수년 전부터 꾸지뽕잎 차를 손수 만들어 마시고 있다. 잘 모르지만, 인터넷에는 혈액순환, 혈당 조절, 고혈압, 항암효과에 좋은 차라고 한다.

요즘 개량종 꾸지뽕나무는 많아도 재래종 꾸지뽕나무는 흔치 않다고 한다. 그래서 재래종 꾸지뽕나무가 건강에 훨씬 좋을 것만 같다. 우리 집 꾸지뽕나무는 열매는 매년 달리는데 제대로 영

그는 것은 보지를 못했다.

 자식들에게 꾸지뽕잎 차를 만들어 보내지만 제대로 마시는지 모르겠다. 아마 젊은 입맛에는 꾸지뽕잎 차보다 커피 향이 더 맞는지도 모른다. 꾸지뽕잎 차는 특별한 향이나 맛도 없이 그냥 약간 구수한 맛만 날 뿐이다.

 올해는 조금 많이 만들어 사돈댁도 드리라고 했는데 제대로 전달했는지? 그저께 아들 집에 갔더니 꾸지뽕잎 차가 처음 포장한 봉지째 그대로 있다. 아마 바쁜 직장생활로 경황이 없어 아직 전달하지 못한 것이려니 여긴다.

 그래도 나는 내년 5월이 되면 또 꾸지뽕잎 차를 만들 생각이다. 새순을 채취해 가마솥에 9차례 덖어서 만드는 제조과정이 여간 녹록지 않다. 조금 힘들고 성가시기는 해도 손수 차를 만드는 즐거움에 비할 수 있으랴.

 전문가가 아니라 빛깔도 모양도 볼품이 없는 꾸지뽕잎 차이기는 해도 우리 집 꾸지뽕나무로 차를 만들어 여기저기 선물할 수 있으니 참 좋다. 오래오래 10년 이상 계속 꾸지뽕잎을 덖을 수 있는 축복이 있으면 정말 좋겠다.

추석 단상

며칠 전부터 아내가 퇴근해서 밤늦도록 분주하게 준비한 차례상으로 추석날 아침, 우리 가족 4명이 단출하게 추석 차례를 지내고 나니 만감이 교차한다.

명절 차례는 후손이 조상님들에 대한 문안 겸 감사 인사가 아닌가 하는 생각이 들어 조용히 아버님과 어머님을 추모하며 차례의 의미를 되새기기는 안성맞춤이다. 그러나 아버님 돌아가신 지 불과 1년 만에 이런가 싶은 착잡한 마음 또한 숨길 수 없다.

생활이 바빠지고 사회가 바뀌어 모든 것이 급변하는 세상에 차례가 대수냐겠지만. 추석 차례와 아버님 기일제사 중에 택일하려는 동생들에게 기일제사를 기약해 줬더니 기다렸듯 추석 차례에는 전화 한 통 없는 상황이 아내에게 미안하고 민망할 뿐이다.

제사는 형식절차보다 진정으로 추모하는 마음과 제수를 장만하는 정성이 아니겠는가?

생활이 바빠서 혹은 여건이 어려워 못 오더라도, 안 오더라도 추모하는 마음을 담아 추석 차례 준비하는 아내에게 전화 한 통이라도 있으면 모든 것이 만사형통일 텐데 이런 심정 모르는 건지 알면서도 안 하는 건지?

애마를 보내며

　은빛 낡은 드레스를 입고 주차장 외진 모퉁이에 웅크리고 있다가 낯선 사람에게 끌려가는 당신의 모습을 차마 볼 수가 없어서 당신의 신상에 관한 모든 서류와 키를 관리실에 맡겨버리고 바쁜 출근길을 핑계로 훌쩍 집을 나와 버렸습니다.
　조금 전에 전화해 보니 벌써 당신은 떠나고 없습니다. 11년 2개월 동안 눈이 오나, 비가 오나, 바람이 부나, 그 어떤 어려운 상황에도 불평 한마디 없이 묵묵히 내가 부리는 대로 한결같이 복종하고 따르기만 했던 당신입니다.
　나는 당신에게 아무런 보상도 하지 못했습니다. 잘 가라는 작별 인사도 제대로 하지 못했습니다. 어제께 새로 만난 연인에게 폭 빠져 당신을 못 본 척 외면합니다. 그러함에도 당신은 헤어지는 순간까지도 아무런 말이 없습니다 그려.

"대구 28다 3892"가 지금 임종을 앞둔 당신에게 주어진 이름입니다. 1991년 12월 6일 당신의 첫 번째 이름은 "대구 2나 5443"이었습니다. 그때 은백색을 번쩍이며 나를 감동하게 했던 1,500cc 캐피탈 당신이 나에게는 황홀한 첫사랑이었습니다.

2003년 1월 2일 새해 첫 출근 하는 날, 새로 만난 황금빛 SM 과 함께 한껏 멋 부리라고 2002년 12월 31일 마지막 날까지 묵묵히 섬기며 내 곁을 떠나기가 아쉬워 멈칫멈칫하기도 했던 당신의 의미 있는 잔 고장이, 나를 더욱 가슴 아리게 합니다.

이제 곧 당신의 육신은 갈기갈기 찢기고 일부 부품은 다른 차에 헌신되기도 하면서 대부분 고철 덩이가 되어 형체를 알아볼 수 없게 되겠지요. 그동안 당신의 고마운 봉사에 깊이 감사하며 명복을 빕니다.

표고버섯

전원주택에서 7km 떨어진 거리에 40여 년이 넘게 표고버섯 농사를 짓는 버섯농장이 있다. 5년째 3월 하순이 되면 표고버섯을 사서 햇볕 좋은 날을 택일해 데크 위에 3일 정도 말렸다가 우리 가족도 먹고 주변에 나눠주기도 한다.

대부분 표고버섯은 햇볕만으로는 모양 좋게 건조하기가 어려워 식품건조기를 사용할 수밖에 없다고 한다. 그래서 우리는 표고버섯에 비타민D를 조금이라도 많이 보충하고자 버섯을 잘게 썰어 햇볕에 직접 말리는 수고를 하고 있다. 말리면 무게는 1/3 정도로 줄어들고 모양도 쭈글쭈글해져서 볼품은 없다.

표고버섯 농장주가 요즘은 인건비도 비싸고 참나무 벌목량도 제한을 받아서 표고버섯 재배가 힘들고, 무엇보다도 중국산 표고버섯이 톱밥으로 재배되기 때문에 가격 경쟁에 밀려 어렵다고 한다. 그래도 자기들 농장에는 참나무로 재배하는 양질의 표고버섯을 원하는 사람들이 꼭 찾아온다면서 자부심도 대단하다.

  10여 개가 넘는 표고버섯 재배동을 둘러보면 언제나 쓰레기 하나 없이 깨끗하게 관리한다. 지금까지 농장 일을 도와주는 다른 사람은 보지를 못했는데 70대 노부부가 어떻게 이처럼 관리하는지 부지런함이 몸에 밴 사람들인 것 같다. 남편 되시는 분은 색소폰을 배우고 있다며 연습실도 보여주며 색소폰 연주도 들려준다.

  농장주 부부는 표고버섯 농사 때문에 부부동반 여행을 한 번도 못했다고 한다. 아내 되시는 분은 지금까지 그 흔한 제주도여행도, 비행기도 한번 못 타봤다고 하시며 따님이 무척 안타까워한다고 한다.

  이런 농장주라서 그분들이 재배한 표고버섯은 뭔가 좋을 것만 같다. 이분들과 이야기를 나누다 보면 많은 걸 느끼고 배우기도 한다. 이분들도 언제까지 표고버섯 농사를 지을 수 있을지 걱정이라며 그만둘 무렵에는 자기들이 재배한 표고버섯을 잘만 보관하면 5년은 먹을 수 있겠지? 하는 이야기가 왠지 아름답게도 서글프게도 들린다.

제5부
만남

사돈댁과 만남

　사돈査頓은 강 건너 나뭇등걸에 걸터앉아 머리를 조아리며 술을 권했다는 고사처럼 어렵고 부담되는 관계다. 그래서 '사돈 남 말 하듯이 한다'거나 '사돈댁과 뒷간은 멀수록 좋다'는 옛말도 있지 않나 싶다. 그러나 다른 한편으로 생각하면 자식을 서로 나누어 가진 세상에서 가장 소중한 관계가 아닌가 싶다.
　내 아들이 사돈댁 자식이 되고 내 딸이 사돈댁 일가의 중심이 되는 귀한 관계이다 보니 자식에 대한 소중함은 누구보다 같을 수밖에 없다. 사돈댁 안녕과 평안은 내 자식의 생활 안정과 직결되기 때문에 진정으로 염려할 수밖에 없는 그런 관계가 아닌가 생각한다.
　우리는 양가 사돈댁과 모두 가깝게 지낸다. 수년 동안 정기적으로 1년에 한두 번 정도 양가 사돈댁이 만나 함께 부부 여행도 하고, 식사도 하고 회포도 푸는 흔치 않은 사돈 모임을 하고 있다. 인간관계란 항상 좋을 수만도 기쁠 수만도 없는 것이라 이런 사돈 모임이 자식들에게 행여 부담될까 염려되고 주저되는 것 또한 사실이다.

　양가 사돈분들이 모두 대구에 거주하고 나이도 비슷한 동년배라서 서로 어울리기에 좋고 딸 사돈댁과는 신앙이 같은 것도 공통점이다. 양가 사돈 두 분은 모두 술을 잘 마시질 못해 애주가인 나와 어울리기는 참 어려울 것 같은데도 두 분의 배려로 즐거운 만남이 된다. 소주 3~4잔을 마시면 1년 중에 술을 가장 많이 마셨다고 할 정도다. 그래서 때로는 사위가 대작對酌하면서 분위기 맞추기도 하고, 고스톱과 포커를 즐기시는 사돈분들을 위해서는 왕초보인 내가 호구(?)가 되어주기도 한다. 딸 사돈은 만능스포츠맨으로 골프광이시고, 아들 사돈은 낚시광이시다. 두 분 모두 커피를 즐겨 마시는 탓에 커피를 즐기지 않던 나도 커피를 즐겨 마시게 된다.

　양가 사돈끼리는 사돈의 사돈이기 때문에 아무런 관계가 아닐 수도 있어 서로 무방하게 지낼 수도 있지만 서로 사돈이라고 호칭하고 예를 다하며 만난다. 지금은 서울로 잠시 거주지를 옮겨 자주 만나지는 못하지만 처음 사돈 모임을 시작할 때는 딸 사돈댁의 사돈과도 함께 만나 4가족 8명이 모임을 하고 여러 차례 여행하기도 했다.

'13년 10월에 안동, 영주, 봉화를 여행 중에 봉화 분천역에서 인터뷰한 것이 TV프로에 방영되기도 하고, '15년 여름에는 사돈 4가족이 자식들과 함께 강원도 고성, 속초, 설악산을 2박 3일 여행하고, '16년 4월에는 울진, 태백, 삼척을 역시 자식들과 함께 2박 3일 여행한 추억도 있다. 그밖에 청량사 산사음악회, 전주, 여수, 섬진강 등 남해안을 일주하고, 문경 등 여러 곳을 여행하기도 한다.

카즈베기 룸스호텔에서 대금 연주

'17년 4월에는 사위가 조지아 주재원으로 근무한 덕분에 딸 사돈댁과 25일 동안 조지아, 아르메니아, 동유럽을 함께 여행하기도 한다. 가까운 벗과 장거리 해외여행을 해도 다툼이 생길 수가 있다고 하는데 우리 사돈댁과는 정말 즐거운 여행을 했다. 조지아 카즈베기와 아르메니아 광장에서 서툰 대금 연주에도 아랑곳하지 않고 교직에 계셨던 점잖으신 분이 곁에서 아리랑 어깨춤으로 흥까지 돋아주는 배려심 깊은 사돈이다.

　또 사돈끼리 전원주택 거실 바닥에 신문지 깔고 앉아 영덕대게 등 특식을 허물없이 나눠 먹고, 안방과 거실에서 안팎으로 나눠 사돈끼리 같은 이불 덮고 잠을 자면서도 누구랄 것도 없이 먼저 일어난 사람이 취사 준비하고 음식 챙겨주던 흔치 않은 모습이 눈에 선하다.

　'19년에 코로나가 오면서 몇 년간 사돈 모임을 못하다가 지난해('23년)부터 다시 만나고 있는데 개인적인 이유로 올 연말까지는 만나지 못할 것 같다.

　조심스럽고 어려운 사돈 모임을 하면서도 항상 즐겁게 어울릴 수 있었던 것은 평소 사돈분들의 품성과 범절이 남달리 훌륭하신 덕분이다. 가풍과 범절이 다른 집안에서 자란 자식을 이해하기에는 사돈분들과 만남을 통해 자연스레 사돈댁의 가풍과 범절을 이해하는 기회가 되기도 한다.

  우리 집안과 인연을 맺어 자식들이 이만큼 잘 사는 모습을 보면 양가 사돈댁의 훌륭한 인품과 교육이 있었기에 가능하다는 생각이 들어 감사한 마음이 절로 든다.

  양가 사돈 내외분 오래오래 건강하시어 우리 자식들 평화롭기를 바라며 더욱 좋은 모습으로 만나는 사돈 모임이 되기를 바랍니다.

은사님과 만남

　선생님의 회초리[教鞭]가 제자들에 의해 거침없이 고발당하고 선생님의 권위가 학부모와 학생들 앞에 무참히 무릎 꿇려지고 제자를 성폭행한 선생님 뉴스가 새롭지 않은 어지러운 세상에….
　무심했던 불혹의 세월을 회환하며 이순耳順을 바라보는 제자들이 동창회를 주관하며 은사님 두 분을 모셨는데 선생님이 한 분밖에 참석하시질 못해 대구 동창생들이 별도로 3반 담임 선생님을 모신다.
　연로한 선생님을 불현듯 모시는 게 우리 중심적인 허영은 아닌지 혹은 핑계 삼아 동창들과 어울리려는 위선적 제스처는 아닌지 또 선생님을 만날 수 없는 다른 학급 친구들의 허전함은 어찌할꼬?
　망설임 끝에 선생님께 전화를 드렸더니 특유의 무덤덤한 어조로 "같이 늙어가며 뭐 그러냐"면서도 기다렸듯이 장소를 정하신 다음 직접 가서 살펴보시고는 다른 곳이 좋겠다는 말씀에 설렘이 느껴진다.

항상 있는 듯 없는 듯 조용하시며 천생 샌님이신 정도 선생님이 참석할 제자들을 염두에 두고 혼과 신을 다해 서예 하신 작품과 필생의 자경록을 받아 43년 만에 사사 받는 그 감개무량함이야!

이순을 바라보는 제자를 앞에 두고 강론하시는 선생님은 흥에 겨워 식사 채근하는 종업원에게 "조금 있다가 차리소."라는 말씀 속에 그분의 교육 열정과 사랑이 보여 우린 독서 삼매경에 빠질 수밖에….

선생님 내외분 모시고 초로의 제자 십여 명이 큰절 드리는 모습을 부러운 듯 훔쳐보는 식당 여주인의 눈빛에 식단의 풍성함이 감지되고 넥타이핀을 꽂아 드리는 제자의 손끝에 파르르 떨림은 진정 공경이어라.

혈압으로 술은 한 잔밖에 못하시면서도 늦은 시간까지 함께 하시고 물속 깊이 잠긴 옛이야기를 끄집어내느라 시간 가는 줄을 몰랐으며 어느 제자의 농익은 매 맞은 이야기엔 어서 잊어버리라는 선문답으로….

선생님!

내외분이 곱게 늙어 가시는 모습을 뵈오니 세상이 참 고와 보입니다. 선생님의 서예작품과 웃음 속에 늙음보다 도리어 새로움이 보입니다. 선생님이 하사하신 서책은 저희에겐 세상 어느 것보다 소중합니다. 오래오래 건강하시어 저희 제자 자녀들 혼서도 모두 써주시길 바랍니다.

불원천리 달려온 동창들의 스승에 대한 공경심과 우정에 찬사를 보내며 5월의 짙은 아카시아 향내와 뻐꾸기 울음소리에 고향산천이 그리워지듯 열 명의 제자들이 선생님께 사은 숙배하고 나니 회환의 전율이 엄습한다.

사진사 노릇 자청하느라 정작 자신의 모습은 제대로 담지를 못했으면서도 온라인에 익숙지 못한 벗을 위해 노트북을 준비하고 사진도 출력해왔지만 식당에서 사진 찍다가 배터리가 방전(?)되어 어쩔 수 없이 먼저 간 동창생.

선생님보다 늦을까 봐 가슴 조이던 벗의 여린 모습에 지난날을 보았으며 세월을 거슬러 추억 속에 함께 묻혀 즐길 수 있는 아름다운 시간이었다. 함께하지 못한 동창들이나 함께했던 동창들이나 마음은 모두 하나였으리라.

밤이 늦도록 동창들과 자경록 서책공부를 열심히 한 것은 선생님 글 "독서기가지본讀書起家之本"을 다한 것이니 함께한 동창

만남

들 모두 집안이 흥하고 번창할 것이며,

　스승님을 공경하는 마음으로 제자가 함께 모였으니 선생님 글 "순리보가지본循理保家之本"을 다한 것이니 함께한 제자들 모두 아무 탈 없이 집안이 평안해질 것이며,

　화려하지는 않지만 누추하지도 않은 식당에서 만남은 선생님 글 "근검치가지본勤儉治家之本"을 다한 것이니 함께한 벗 모두가 집안을 대대손손 잘 이끌어 갈 것이며,

　오랜만에 죽마고우가 만나서 화목하게 즐기는 것도 선생님 글 "화순제가지본和順齊家之本"을 다한 것이니 죽마고우들 가정이 모두 화목하고 행복이 가득할 것이라네.

노조창립기념행사 참석

퇴직한 지 13년이다. 매년 노조 창립행사(7월 25일) 때마다 후배 노조 위원장이 초대장을 보내와 한국도로공사 노조 창립행사에 참석하는 것이 연례행사다. 올해도 32주년 창립행사에 참석했다.

한국도로공사노동조합 창립 32주년 기념식

함께한 한노모 '평생동지들'과의 찐한 동지애와 더불어 이튿날 창립행사 기념식에서 이지웅 노조 위원장의 젊은 패기와 열정도 한껏 느끼며 흐뭇하게 보낸 보람있는 날이다.

어느 직장인도 퇴직한 이후에 후배들에게 이렇게 예우받는 경우는 쉽지 않으리라 본다.

2019년 7월 26일

퇴직한 지 17년이 된 노조 선배를
매년 노조창립기념행사에 초대하고
간담회를 개최해서 환대해주는 조직문화는
한국도로공사 노동조합이 유일하지 않을까 자랑해본다.
아울러 노조창립 36주년과 13대 위원장 취임도 축하한다.

2023년 7월 25일

만추에 서울 나들이

　전날까지 해파랑길 삼척동해구간을 걸었던 탓에 여독은 있지만, 한노모 평생동지들과 만남을 위해 동행하는 일행 1명과 함께 동대구역에서 KTX를 타고 서울역으로 간다. 기다리고 있던 회장님과 먼저 도착한 부산, 광주 동지를 만나 지하철을 타고 명동으로 간다. 그곳에서 기다리던 서울 동지 2명과 광양에서 온 동지 1명을 또 만나 8명이 명동성당에 들렀다가 명동교자에서 칼국수와 만두로 점심을 먹는다. 천안에서 조금 늦게 올라온 동지를 기다렸다가 한노모 평생동지 서울모임 참가자 9명은 덕수궁으로 향한다.

　가는 길에 서울시청광장에 마련된 이태원 희생자 분향소를 단체 조문하고, 덕수궁에 들러 돌담길을 돌아 이화여고, 정동극장을 지나 돈의문박물관으로 간다. 거리에 형형색색 털실로 짠 보온 덮개로 겨울맞이하는 가로수가 인상적이다. 경희궁에 들렸다가 서울역사박물관 전차도 타고, 광화문 광장을 거쳐 경복궁, 민속박물관을 지나 감고당길, 송현광장을 가로질러 창덕궁을 지나 창경궁 종묘 담장 보행로를 걸어 광장시장으로 간다.

 5대 고궁을 한꺼번에 둘러볼 좋은 기회였는데 창경궁은 입장시간이 늦어 아쉽기는 하다. 그러나 65세 넘은 경로우대자는 입장료가 면제라서 젊은 사람은 줄 서서 기다리는데 일행 중 6명은 입구에 신분증만 보여주고 바로 입장하는 호사를 누린 것으로 위안 삼아 본다.

 추억거리(?) 사진 촬영을 전담하면서 분위기 맞춰 해설까지 해주고 옛 경기고등학교, 서울고등학교 명당 터, 덕수궁 돌담길 사연, 돈의문 구락부에서 마이크 잡고 한 컷씩 포즈를 취하게도 하는 등 이번 서울모임을 위해 사전에 답사까지 하면서 준비했다는 서울 토박이 계훈찬 회장님 덕분에 이번 모임의 즐거움은 배가 될 수밖에 없다.

 동년배인 회장님과는 개인적으로 인연이 깊다. '88년부터 지금까지 만나고 있지만 변함이 없는 동지로서 존경하는 벗이기도 하다. 술은 마시지 않으면서 술자리도 함께해 주고 독실한 크리스천인데도 다른 종교에 전혀 배타적이지 않고, 퇴직하고 호스피스 봉사활동 1만 시간을 달성할 만큼 사회봉사활동에 적극적이다. 직장 후배들에게 존경받는 선배로 선정되어 퇴직자 워크숍에 수차례 초대받기도 한다. 함께하는 모임이 2개인데 모임 때마다 한 끼 식사비는 꼭 자비로 수십 년째 부담하며 사진 촬영은 본인이 직접 전담하기도 한다. 이를 기쁜 마음으로 즐기는 것 같다. 이렇게 헌신적이고 신뢰할 수 있는 인연을 만난다는 것은 참 행운이다.

광장시장 박가네 식당에서 줄 서서 기다려 저녁을 먹는데 빈대떡에 모듬전과 막걸리로 한껏 취한다. 누군가 오징어순대를 시켰는데 종업원 착오로 삶은 오징어가 나왔지만, 그냥 웃어넘기는 여유로움도…. 숙소인 오라카이 호텔로 가는 길에 익선동 한옥마을에 들러 생맥주로 2차 입가심을 하면서 서로 '김짜샤' '홍짜샤' '박짜샤'로 부르며 오랜 친분을 격의 없이 나눈다. 숙소로 와서 하루를 마무리하며 다음 모임 일정과 장소를 정하고 서울 나들이 밤을 보낸다. 일행 중 서울 동지 1명은 개인 사정으로 먼저 간다.

이튿날 호텔에서 아침 식사를 하고 서울 동지가 준비한 차량으로 남산으로 향했지만 예상치 못한 서울국제마라톤 교통통제로 골목을 빙빙 돌아 어렵사리 남산주차장에 차량을 주차한다. 남산케이블카를 타고 남산을 올라 남산 사랑의 열쇠, 남산타워, 팔각정, 봉수대를 둘러본 다음 차량 봉사를 자원한 서울 동지는 먼저 주차장으로 가서 장충동원조족발집에서 자리 잡고 기다리기로 한다. 일행 7명은 남산정류장에서 버스를 기다리는데 장충동행 버스가 오지를 않아 알아보니 노선이 변경되었다고 해서 걸어서 장충동 약속장소로 향한다.

덕분에 만추의 남산길을 걸으며 앞서 레깅스 입고 걷는 여인의 유별난 걸음걸이에 우리끼리 그녀의 허리 건강(?)도 걱정하며 희희낙락하기도 한다. 유쾌함 속에도 회장님은 버스노선을 제대로 살펴보지 못해 미안하다고 몇 번이나 양해를 구한다. 이런 실수로 서울 나들이는 더욱 농익어만 가는데…. 세상사 실수나 일탈이 없으면 무슨 재미가 있을까?

장충동족발집에서 식사한 다음 태극당빵집으로 갔더니 좌석이 없어 인근 찻집 지하에서 차 한잔한다. 청계천3가까지 차량으로 이동하면서 일방통로를 착오해서 역주행하는 깜짝 실수도 하게 된다. 숙소 이름을 본떠 '오라카이' '가라카이' '알았다카이' 등 유치한 신조어를 만들어 어린애처럼 떠들어도 누구 하나 민망해하거나 남사스러워도 하지 않고, 하찮은 농담에도 파안대소하고 박장대소로 화답하며 한잔 술에 거나해 주책을 부려도 격의 없이 모두 포복절도하는 한노모 평생 동지가 있어 좋다.

 청계천3가에 도착해 발가락 수술로 걸음이 불편하다는 광주 동지는 서울 동지 차량에 탑승해 먼저 서울역으로 가서 기다리기로 한다. 나머지 일행 6명은 청계천3가에서 서울광장을 지나 숭례문과 남대문시장을 거쳐 서울7017고가육교를 올라 서울역 옥상정원까지 걸으며 만추의 서울 나들이를 마무리한다.

 카페에서 자리 잡고 기다리던 두 사람을 만나 빵으로 식사를 대신하고 회장님과 차량 봉사로 수고를 아끼지 않은 고마운 서울 동지의 따뜻한 배웅을 받으며 각자 부산, 광주, 광양, 천안 열차 시간에 맞춰 자리를 뜨고 우리는 17시 15분 KTX를 타고 대구로 온다.

광화문에서

거제 모임 참석자 삼행시

한노모 평생동지들과 거제 모임을 위해 동대구역에서 열차를 타고 경산역에서 일행을 만나

정) 각 열 시에 부산역 플랫폼에 내려 나이보다 젊어 보이고
귀) 공자 같이 생긴 부산사나이 고급 외제 승용차에 합승한다
복) 잡한 부산 시가지를 벗어나 을숙도와 거가대교를 거쳐 외포항으로 간다.

'한노모'는 오래 전 구습을 타파하고자 의기투합했던 노동 동지들이 25년 전에 결성한 전국적인 모임으로 일년에 2~3번은 만난다. 부산 동지는 모임에 총무를 맡아 궂은일을 전담하며, 선배에게는 깍듯하고 후배에게는 위계질서를 확실하게 잡는 군기반장이기도 하다. 개인적으로는 성격도 앗쌀

하고 사회적으로는 인맥도 두터워 많은 도움이 된다. 또 내가 아는 사람 중에 길흉사에 가장 열심히 다니는 사람이고, 우리 모임에 한 번도 빠진 적이 없다.
'외포항에서 먼저 와서 기다리던 여덟 명과 만나 중앙횟집에서 이번 모임 참석자 11명은 점심을 먹은 다음에

김) 영삼 대통령기념관을 먼저 둘러보고 그분이
태) 어난 생가 툇마루에 앉아 기념사진을 찍고
현) 해탄을 배경으로 남파랑길19코스 안내문 앞에서 나는 조금만 있으면 해파랑길을 완보하고 올 하반기에는 남파랑길을 시작할 수 있다며 트레킹 일정을 알려주기도 한다

  망산 초소를 지나 차에서 내려 서이말등대까지 함께 걸어가서 등대를 관람한 후에 와현 서이말삼거리까지 다시 걸어와서

계) 곡의 남파랑길21코스와 천주교순례길 표지판을 따라
훈) 훈한 정도 나누고 동이곶까지 남파랑길을 트레킹하며
찬) 찬히 내려다본 초록빛 다도해는 우리 만남을 반기는 듯하다.

강) 행군하는 거제모임에서 편히 쉴 수 있는 숙소와 차량까지

만남

춘) 삼월 도다리쑥국보다 맛난 '꽃삼합'과 '생선회'도 주선하고
식) 당 중에 찾아본 '더우꽃'과 '어부와 해녀'는 기대한 이상이다
　　이렇게 맛난 식당에다 차량까지 제공해준 동지 덕분에 우리
　　는 부담없이 즐길 수가 있었고 만남의 취흥은 배가 될 수밖
　　에 없다.
　　'어부와 해녀'에서 주고받은 건배주에 거나하게 취하고 흥에
　　겨워

박) 수도 치면서 함께 어깨동무도 하고 일흔이 훌쩍 넘은 나이에
재) 미와 흥을 분위기에 맞춰 잘 살려주는 끼 많고 정도 많은
영) 원한 오빠동지 선창으로 지세포항 바닷가에서 '분위기 좋고'
　　다시 한번 트위스트 막춤으로 여흥을 즐긴다
　　기뻐서 웃는 게 아니라 웃고 즐기다 보니 기뻐진다는 말처럼

이) 박삼일 동안 함께 어울리면서
신) 명나게 떠들고 웃다가 보노라면
영) 락없이 젊은 시절로 돌아가는 즐겁고 재미있는 만남이 된다

이) 틀 동안 꼬박꼬박 아침 식사 두 끼를
상) 당한 요리 솜씨로 갱식이 해장국을 직접 끓여

열) 한 명이 별미로 먹을 수 있게 준비하고,
  톳 선물도 나눠줬으니 이를 어찌 좋아하지 않을 수 있으랴.
  마지막 날 거제 케이블카를 타고 노자산 전망대에 올라
  파노라마처럼 펼쳐진 다도해를 보노라니

임) 진왜란 3대첩지 한산도가 저 멀리 눈 아래 보이고
병) 사들과 긴 칼 차고 시름 하던 이순신 장군의 우국충정이
현) 재 국제정세와 남북관계를 진정으로 걱정하게 한다
  누군가 곁에서 한산대첩, 명량대첩, 노량대첩 대첩영화시리
  즈도 알려준다.

허) 허 웃으며 화내지도 않고
정) 말 용쓰며 이기려 하지도 않고
구) 차스럽게 튕기지도 않으면서
  거제모임을 위해 바쁜 일정 쪼개어 함께한 열한 명의 동지들

안) 팍으로 알록달록한 전국각지에서 모인 동지들의 유별남이
태) 풍매미가 도리어 백순삼 선생의 굳은 의지로 매미성을 쌓았듯
록) 록지 않은 동지들 우정과 열정이 우리를 더욱 단단하게 한다.

정) 치적 성향이 조금씩 달라도
종) 교적 신념이 서로가 달라도
배) 타적이지 않는 한노모 평생동지들

  이번 거제모임 참석자 열한 명의 이름으로 삼행시를 적어 오래오래 추억해 본다.

유붕자원방래 有朋自遠方來

오늘 반가운 벗이 전원주택을 다녀갔다.

'78년 10월 입사시험장에서 처음 만나 인사를 나누고, 11월 면접 보면서 인연을 맺는다. 다른 동기 1명과 더불어 3명이 각자 가는 방향이 달랐는데도 서로 동행하기 위해서 경기도 성남(당시 도공 본사 위치)에서 서울 청량리역으로 함께 가서 중앙선 야간열차를 탄다.

나는 안동에서 내리고, 두 친구는 영천까지 가서 다시 대구 가는 열차를 환승, 무리한 우회를 하면서까지 밤새워 어울릴 만큼 처음부터 느낌이 비슷하고 인연이 닿고 추억이 깊었던 친구다.

다른 동기 1명은 요즘 연락이 제대로 되지 않는다며 우리끼리 괜한 걱정도 한다.

발령 일자는 1개월 정도 차이가 나지만 언젠가 같이 근무한 적도 있고, '97년 10월에는 짧은 기간이지만 미국 연수도 함께 다녀왔던 능력이 출중하고 호쾌한 웃음소리가 일품인 친구다.

회사를 조금 일찍 명예퇴직하고 이순을 중반이나 넘은 나이에도 아직 좋은 직장에 다니며 제 몫을 다하고 있다. 100km 울트라마라톤을 완주하는 대단한 친구다.

아직도 그 웃음소리 여전하고 20대 못지않은 열정과 패기가 넘치는 벗이다. "친구야! 오래오래 건강하고, 오늘 운전 때문에 마시지 못한 막걸리 다음에 제대로 한번 마셔보자."

"유붕자원방래 불역락호 有朋自遠方來 不亦樂乎"라 절로 미소가 머금어지는 행복한 하루다.

정동진 겨울여행

40년 지기 직장동료 3명이 부부동반으로 정동진 썬크루즈호텔에 투숙하면서 바다열차도 타고, 추암 능파대, 묵호등대, 논골담길, 정동진, 바다부챗길을 함께 트레킹한 멋진 겨울여행이다.

해파랑길을 걷다 보면 여러 곳을 숙박하게 된다. 강릉구간을 걸으며 정동진 썬크루즈호텔에 숙박했더니 아내가 호텔 분위기가 좋다며 자주 만나는 부부들과 함께 이곳에 와보면 어떠냐고 한다. 그래서 부부동반으로 오게 된 정동진 기차여행인데 아내분들의 만족도가 높았던 것 같다. 특히 호텔에서 아침 식사하면서 '이것이 여행의 백미'라며 좋아하던 그 모습들이….

정동진에서

친구야! 보고 싶다

　변해버린 모습만큼 살아가는 우리들의 모습도 다르고 함께했던 추억의 잔영조차 사그라진 오랜 세월 속에서 이름 석 자마저 아스라한 그런 동창생 친구도 있었지만 처음부터 야야 자야로 시작하는 허물없는 우리의 만남.
　지천명의 하찮은 부담이나 체면도 모두 훌훌 벗어던지고 찌꺼기처럼 초로의 가슴속에 남아있던 그리움의 열정으로 불혹의 세월을 훌쩍 뛰어넘은 동심으로 마냥 즐거워하며 헤어지기 아쉬워 자꾸만 뒤돌아보게 했던 설악에서의 만남이다.
　약간 철이 지난 설악의 풍치와 은백색의 의연한 울산바위를 배경으로 서있는 우리 모습이 세월만큼 너무 흡사하지 않은가? 그다지 행락객으로 붐비지 않은 것도, 넉넉한 초동의 햇살도… 세월의 모습과 너무나도 걸맞은 우리 만남이었다고 생각한다.

약간의 주책과 신경질을 부려도 그것이 애교로 통하는 좋은 친구, 작은 배려와 기쁨에도 맞장구쳐주고 크게 즐거워하는 아름다운 친구, 함께하고 싶은 열정 하나로 최남단에서 밤새워 달려온 멋진 친구, "친구야! 보고 싶다"는 넋두리에 늦은 시간 달려왔던 그리운 친구.

민망한 사진을 보면서 서로 즐기고 꼬리글로 아우성치는 철부지이지만 "이제 살아온 날보다도 살아가야 할 날에 더 의미를 두고서"라는 어느 친구의 꼬리 글처럼 변함없는 우정과 관심이 메마르지 않기를 바라고, 울산바위의 당당함과 속초 바다의 싱그러움처럼 오래오래 건강하길 빈다.

제6부
부부가 함께 걷고 보고 담은 글
― 주도적으로 활력 있는 삶을 살고 싶은 마음에서

해파랑길 750km를 완보하다 •
제주 여행과 한라산 등정 •
성지순례 •
운탄고도 1330을 완보하다 •

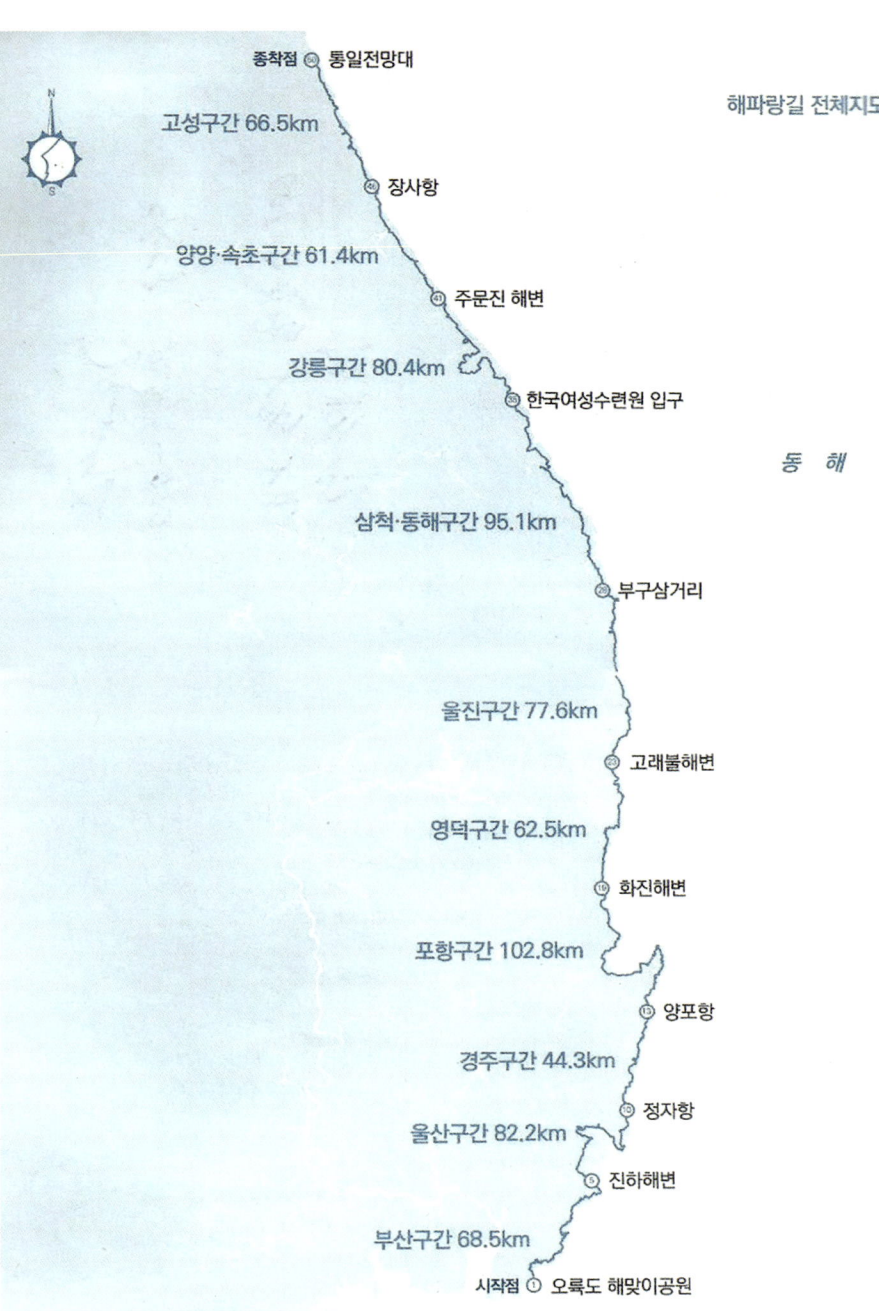

해파랑길 지도

해파랑길 750km를 완보하다

🚶🚶 해파랑길 시작은?

 '해파랑길'을 소개한 글을 봤는데 공모를 통해서 동해의 상징인 '떠오르는 해'와 푸르른 바다색인 '파랑', '~와 함께'라는 조사 '랑'을 조합한 합성어로 '떠오르는 해와 푸른 바다를 바라보며 파도 소리를 벗 삼아 함께 걷는 길'이라고 한다. 뭣보다 해파랑길을 상징하는 의미가 마음에 들고, 아내가 아들 결혼 전에 1박 2일 영덕 블루로드를 함께 걸었던 추억이 좋았다고 하기에 '22년 2월 당시 코로나가 극심해 여행하기가 쉽지 않은 상황이었지만, 해파랑길은 사람이 많이 다니지 않을 거라는 생각으로 얼떨결에 트레킹을 시작한다.
 지금까지 우리 부부는 함께 마라톤도 하고 등산도 하고 여행도 많이 다녔지만, 우리가 주도적으로 목표를 정해 장기계획을 세우기는 처음이다. 해파랑길 750km 도보여행은 우리 부부에게 새로운 희망과 활력을 줄 이벤트라는 점에 의기투합하고, 또 무엇보다 '25년에 '홍옥혼 리마인드 웨딩'을 계획하고 있는 우리에게는 좋은 소재가 될 것 같아 무모하지만 도전하기로 한다.

해파랑길에 대한 사전 지식 없이 트레킹을 시작하다 보니 해파랑길 6코스까지 걸으면서도 해파랑길 코스안내문조차 인식하지 못하고, 스탬프 박스도 모르고 그냥 해파랑길 표식만 따라 걷기만 했다. 7코스(태화강 전망대)를 지나면서 코스안내문을 제대로 알게 된다. 그때부터 트레킹 여정을 기록으로 남겨야겠다는 생각에서 코스안내문을 찾아서 인증사진을 찍기 시작한다. 그리고 해파랑길을 관장하는 한국관광공사와 사단법인(한국의 길과 문화)에 연락해서 '완보증' 인증 절차를 확인하고, 스탬프 북을 신청해서 14코스(구룡포)부터는 정식으로 스탬프 인증을 시작한다.

그때까지(1~13코스) 걸었던 기록은 주변 경관을 배경으로 촬영한 영상(코스별 4장)을 증빙자료로 제출해서 완보증을 신청할 수가 있었다. 스탬프 북에 처음으로 스탬프 인증을 시작한 14코스는 손주 2명과 함께 걸었던 의미 있는 트레킹 코스이기도 하다.

부부가 함께 걷고 보고 담은 글

49코스에서는 스마트폰으로 QR코드 인증하는 방법도 알게 되어 '두루누비앱'에 QR코드 인증기록을 남기기도 한다.

트레킹 중에 길을 잃어 해파랑길을 물으면 대부분 "새파랑길이요?" 하며 되묻기도 했으니 해파랑길이 생각만큼 잘 알려지지는 않은 것 같았다. 또 외딴 길을 우리 둘만 걷기도 하고 위험도 감수해야 하는 경우가 많아 부부가 함께 건강하지 않으면 어렵고, 정서적으로도 서로 배려하고 공감하지 않으면 힘들지 않을까 하는 생각도 든다.

해파랑길 일정계획은?

하루에 부득이한 경우를 제외하고는 20km 이내를 걷고, 출발 전에 구간별 숙소를 확인해서 사전에 예약한다. 아침은 반드시 먹도록 하고 비상식은 꼭 준비해서 도중에 식당이나 매점이 없는 경우를 대비했으며, 체력관리와 영양 보충을 위해서 저녁 식사는 맛집을 찾아 양질의 식사를 하는 것으로 했다.

자녀가 모두 맞벌이라서 손주 돌볼 일이 있으면 그것을 최우선으로 하여 출발 1개월 전에 가족들과 일정을 협의해서 한 달에 1회 정도 주중에 4박 5일을 기준으로 계획을 세운다. 대중교통 이용을 원칙으로 하고, 교통이 불편한 곳은 자가 차량을 이용해서 숙소에 차량을 주차하고 대중교통을 이용했는데 문제는 시골버스는 운행시간을 확인하기 어려워 운행이 종료된 시간에 버스를 기다리다가 어려움을 겪기도 한다.

　해파랑길 정규코스를 벗어나거나 혹은 건너뛰는 경우가 있더라도 명승고적과 맛집은 꼭 탐방하면서 동해안 구석구석을 여행하도록 계획을 세운다.

해파랑길 준비는?

　40대 후반부터 부부가 마라톤과 등산, 그리고 여행을 함께 다니며 축적된 경험과 정서적 교감이 큰 도움이 된 것 같다.

　안전을 위해서 양손에 스틱을 잡고 걷는 노르딕워킹을 기본으로 걷기 훈련을 매일 5~6km 정도는 했다. 배낭에는 우의와 상비약, 식수, 비상식은 꼭 챙겼으며 아내의 짐은 대부분 내가 챙기다 보니 내 배낭 무게는 보통 8kg, 아내 배낭 무게는 3kg 정도였다.

　혹서기(7~8월)는 교통혼잡과 숙소 문제로, 혹한기(12~2월)에는 배낭 무게와 안전사고 때문에 해파랑길을 중단하고 당일치기 트레킹이 가능한 곳(대구 근교 등)이나 더위와 추위를 피할 수 있는 곳(강원도 운탄고도, 제주도 등)을 찾아 트레킹 훈련을 계속하면서 체력과 정신력을 강화했다.

해파랑길 1차 트레킹 여정
- 부산 구간 69km 3박 4일

🚶‍♂️🚶‍♀️ '22년 2월 27일(일) 날씨: 맑음

해파랑길 1일 차, 해파랑길에 대한 사전 지식도 없이 부부가 함께 걸으며 여행한다는 생각으로 출발한다. 동대구역에서 열차 타고 부산역에 도착해서 부산역 2층 식당에서 아침 식사와 도시락, 식수 등을 챙겨 시내버스를 타고 오륙도 해맞이공원으로 간다. 해파랑길 시작점(11:30)에서 기념사진을 찍고, 이기대 동생말 전망대와 광안리해변을 거쳐 1코스 종점 해운대까지 17km를 6시간 걷는다.

이기대 초입부터 도로와 길바닥에 빨간색 화살표식은 부산에서 고성 방향 해파랑길 표식이고, 파란색 화살표식은 고성에서 부산 방향 해파랑길이라고 표시됐다. 그런데 부산 갈맷길 표식과 이중으로 표기되어 있어 처음 걷는 사람은 헷갈리기가 쉽다. 우리도 민락교까지 표식을 잘못 찾아 3km를 우회하는 헛수고를 한다. 해파랑길을 걷다 보면 표식이 잘못되어 3~4km 우회하는 것은 다반사로 시작에 불과하다.

출발할 때 배낭 무게가 7kg이었는데 부산에서 아내 몫까지 식수와 도시락을 넣으니 그만큼 더 무겁다. 처음에는 부담이 없던 무게지만 2~3시간이 지나니 점점 어깨에 부담이 되기도 한다.

출발 전에 예약한 숙소에 도착해서 여장을 푼다. 마침 이날 해운대로 놀러온 딸과는 통화만 하고 각자 자유로운 시간을 보낸다. 저녁에 만났으면 귀여운 손주들도 보고 사위와 술도 한잔했을 텐데….

♡총연장 17km(6h 소요) 캐시워크에 3만 보 기록되다.

🚶 '22년 2월 28일(월) 날씨: 맑음

해파랑길 2일 차, 아침에 딸이 손주들이 호텔 풀장에서 '놀고 싶어 한다.'라며 체크아웃시간까지 기다려 달라고 한다. 그래서 우리는 숙소를 나와 해운대해변과 해파랑길 2코스 미포항 주변을 걸은 다음 호텔로 가서 딸을 만나 달맞이고개 돼지갈비 식당으로 가서 아침 겸 점심을 먹는다. 사위 차량으로 예약한 숙소로

부부가 함께 걷고 보고 담은 글

가서 여장을 풀고 가벼운 차림으로 해파랑길 2코스와 3코스를 역순으로 일광해수욕장, 윤선도 시비, 기장군청, 기장경찰서를 지나서 대변항까지 트레킹한다.

딸이 기장읍 맛집이라고 예약한 식당으로 가서 저녁 식사를 한 다음 우리는 숙소로 다시 돌아오고 딸 가족은 삼일절 연휴라서 해운대에서 하루 더 묵고 내일 집으로 간다고 한다.

초등학교 4학년인 손자가 저녁 식사를 하면서 며칠 전에 깔아 놓은 '캐시워크앱' 사용법과 마일리지 적립 방법을 상세히 알려준다. 덕분에 해파랑길을 트레킹하면서 유용하게 잘 활용하고 누적된 마일리지로 무상으로 커피까지 마시는 재미도 쏠쏠하다. 손자 덕을 톡톡히 본 것 같다. 또 1일 평균 5천 보 이상 걷는 보행수 때문에 자동차보험료도 5% 할인받을 수 있었다.

♡총연장 22km(9h 소요)

'22년 3월 1일(화) 날씨: 아침에 비 오다가 정오부터 맑아짐

해파랑길 3일 차, 숙소가 3코스 중간지점(일광해변)에 위치하고 욕조가 넓고 깨끗한 것이 마음에 들고 또 아침에 조식까지 챙겨줘서 대만족이다. 여행하면서 숙소 잘 얻는 것도 큰 복이다.

숙소를 나서는데 비가 와서 우산을 꺼내쓴다. 해파랑길은 우의 준비는 필수다. 우산을 쓰면 스틱을 잡을 수가 없어 웬만하면 우산을 쓰지 않는데 오늘은 우산을 쓴다. 칠암붕장어마을을 지날 때 비는 그치고 박태준기념관에 들러 포스코를 세계 최강의 철강기업으로 육성한 그분의 철강보국 열정과 업적을 둘러본다. 월내를 지나면서 식당을 찾았지만 마땅한 곳이 없어 지나는 사람에게 물었더니 앞으로 4km 이내에는 식당이 없다고 한다. 그래서 조금 전에 허름해 보이기에 그냥 지나쳤던 식당으로 다시 돌아가서 꼼장어구이로 늦은 점심을 먹는다.

월내항에서 고리원자력 공사현장을 지나 나사해변까지 가는 길은 온통 공사현장이라 이정표도 없고, 공사 차량이 무서운 속도로 달리는 탓에 위험하고 또 흙먼지가 엄청 많았던 부산과 울산의 경계지점이다.

우리나라에서 가장 일찍 해가 뜬다는 간절곶에서 2km 못 미쳐 예약한 숙소로 가서 여장을 풀고, 숙소 앞에 50대 부부가 운영하는 삼겹살구이 식당에서 식사를 한다. 사장님이 "두 분은 어떻게 오셨냐?"고 묻기에 별생각 없이 "해파랑길을 걷는다."고 했더니 "부부가 트레킹하는 모습이 너무 보기 좋다."면서 식당에 트레킹하는 분들이 간혹 온다며 본인들도 트레킹을 하고 싶지만 식당 일 때문에 그럴 수가 없다고 한다. 남자 사장님이 연탄불에 솜씨 좋게 직접 구워주는 돼지고기 맛이 일품이다. 행여 우리 말과 행동이 생업에 열중이신 분들에게 어떻게 비칠지 조심스럽다.

♡총연장 23km(9h 소요)

'22년 3월 2일(수) 날씨: 맑음

해파랑길 4일 차, 숙소 주변에 마트가 없어 간밤에 낚시점에서 구매한 우유와 컵라면으로 아침 요기를 하고 숙소를 나와 간절곶등대, 소망우체국, 대바위공원을 지나 4코스 종점(진하해수욕장)에 도착한다.

20여 년 전 부부마라톤 동호인들과 마라톤대회에 참가했던 당시의 간절곶 모습과는 너무 많이 바뀌어 전혀 알아볼 수가 없다. 그때를 회상하며 간절곶 카페에서 차 한잔하고 엽서에 소망을 적어 소망우체통에 넣었는데 언제쯤 엽서가 도착할 수 있을까?

진하해변 건너편 명선도를 가는데 명선도는 물이 차면 돌아올 수가 없다고 해서 바삐 되돌아온다. 진하해수욕장에서 점심 먹을 때가 되었지만 버스 시간이 촉박해 편의점에서 빵으로 간단하게 요기만 한다. 버스를 타고 울산시외버스터미널에 도착해서 늦은 점심을 먹고 대구로 온다. 울산에는 시외버스터미널과 고속버스터미널이 각각 따로 있는데 그것을 모르고 시외버스를 계속 기다리느라 늦은 시각(19:30)에 대구에 도착한다.
　♡총연장 7km(4h 소요)

　부부가 3박 4일 동안 76km를 같은 마음으로 같은 곳을 바라보며 함께 걷는 것만으로도 우리는 축복을 받았다는 생각이 든다. 여정을 기쁜 마음으로 함께해준 아내가 고맙다.
　다음 코스는 진하해변에서 정자항까지 걷는 울산구간으로 부산구간보다는 8km가 더 길어 3박 4일 일정으로는 빠듯할 듯하다. 하지만, 3월 하순 날씨가 따뜻해지면 배낭의 무게가 조금은 가벼워지겠지? 하는 기대를 해 본다.

해파랑길 시작점을 출발하면서(오륙도공원, 2022.02.27.)

부부가 함께 걷고 보고 담은 글

해파랑길 2차 트레킹 여정
– 울산 구간 75.3km 3박 4일

🚶🚶 '22년 3월 21일(월) 날씨: 맑음

부산 구간은 오륙도에서부터 해안선을 따라 진하해수욕장까지 길게 이어진 트레킹 코스라서 한곳에 숙박하면서 걷기는 어려운 구간이다. 반면에 울산 구간은 울산대공원과 태화강을 중심으로 울산 시내를 굽이돌아 정자항까지 이어진 길이라서 울산 시내 교통이 편리한 곳에 베이스캠프를 정하고 대중교통을 이용해 트레킹할 수 있는 구간이다. 배낭 무게도 줄일 겸 울산터미널 인근의 신라스테이 호텔에 숙박(3연박)하면서 트레킹하기로 한다.

배낭 싸는 걱정이 없으니 얼마나 홀가분한지? 이것저것 필요하다 싶은 물건과 먹을 것을 무게에 상관없이 잔뜩 아이스박스에 넣어 차에 싣고, 점심 도시락까지 준비해 울산 선암호수공원에 차량을 주차하고 조금 이른 시간에 점심을 먹는다. 가벼운 차림으로 2km 떨어진 정류장까지 걸어가서 시내버스를 타고 1시간 정도 가서 지난번에 갔던 진하해수욕장에 도착한다.

출렁다리를 건너 회야강을 거슬러 덕산대교를 지나는 지점에서 착오해서 차도를 따라 걷다가 도로를 가로지르는 위험도 경험한다. 또 5코스 종점이라고 찾아간 덕하역이 새로 생긴 (신)덕하역이 아니고 1km 아래 위치한 (구)덕하역이라고 한다. 그래서 (구)덕하역으로 다시 가서 역사를 배경으로 사진을 찍는데 실수로 스마트폰을 떨어뜨려 액정화면이 깨어진 기억에 남는 코스이기도 하다.

그때까지만 해도 해파랑길에 코스안내문이 있는지 또 그 주변에 스탬프 박스가 있는지도 전혀 모르는 상태로 그냥 인터넷에서 어느 주변이라고 알려주는 곳을 찾아서 그 장소를 배경으로 사진만 찍는 것이 전부였다.

나중에 '길과 문화'에 전화해서 알아보니 스탬프 북에 코스별로 스탬프 박스에 있는 스탬프 인증을 받아야만 완보메달과 완보증을 받을 수 있다고 한다. 부득이한 경우에는 각 코스별로 3장 이상 인증 사진이 있으면 확인해서 각 코스별 스탬프 인증한 것과 같이 인정해 준다고 한다. 우리는 이때까지 스탬프 인증이 없어 그냥 코스별로 찍은 사진으로 완보증을 신청할 수밖에 없었다.

식당은 읍사무소 부근이면 나쁘지는 않겠지? 하는 막연한 생각으로 찾아간 '금천 돼지국밥'이 맛집이다. 저녁 먹고 순대는 포장해서 선암호수공원으로 시내버스를 타고 다시 가서 주차장에 세워 둔 차를 몰고 예약한 숙소로 간다.

♡총연장 17.6km(5.5h 소요) 캐시워크에 34,200보 기록됨

🚶🚶 '22년 3월 22일(화) 날씨: 맑음

숙소에서 택시를 타고 선암호수공원으로 가서 해파랑길 코스는 아니어도 선암호수공원을 한 바퀴 돈다. 미니종교시설에 들러 성경책까지 비치한 아주 작은 '성 베드로 기도방(2명도 좁다)'에 들어가 기도도 하고, 작은 호수교회, 작은 안민사 대웅전까지 둘러본다. 지난해 다녀온 신안 소악도 12사도길과 비슷하지만, 그곳이 조형물에 불과하다면 이곳은 명실상부한 종교시설이라는 점이 크게 다른 것 같다.

울산대공원을 가로지르는 고갯길에서 식당을 찾았더니 태화강전망대까지는 식당이 없고 울산대공원 정문 앞에 가면 식당이 있다고 한다. 정문 앞까지 거슬러 내려가서 '상해 중식당'에서 점심을 먹고 다시 올라와서 태화강전망대 이정표를 따라갔는데 6코스 종점은 산 위에 있는 태화강전망대가 아니라 산 아래 위

치한 태화강전망대라고 한다. 산 위에서 잠시 태화강을 조망하고 6코스 종점인 태화강전망대 해파랑길 안내문을 배경으로 명실상부한 인증사진을 처음으로 찍는다.

지금까지 이렇게 큰 안내문이 눈에 들어오지 않고 스탬프 박스도 확인할 수 없었다니 어처구니가 없다. 태화강전망대에서 숙소로 가는 시내버스를 탔는데 건너편 정류장에서 반대 방향 버스를 타는 바람에 언양까지 갔다가 다시 돌아오기도 한다. 착오와 실수의 연발이다.

♡총연장 15.6km(8h 소요)

'22년 3월 23일(수) 날씨: 맑음

숙소에서 택시를 타고 전날 갔던 태화강전망대로 다시 가서 강 건너 태화강 십리대나무숲길을 탐방하고 태화루를 거쳐 학정동 시장에서 샌드위치로 점심을 해결한다. 7코스 종점 염포산 입구 삼거리까지 태화강을 따라 걷는 콘크리트 길은 태화강 방파제와 도로 건너편 공장 담벼락만 보일 뿐 화장실도 휴게소도 없는 무척 지루한 트레킹코스다. 그래도 우리가 걷는 시간이 3교대 출근시간이라 길게 이어진 자전거 행렬이 지루함을 잊게 한다.

8코스(시점) 염포산 입구에서 안내문을 배경으로 인증사진을 찍고, 염포산을 올라 울산대교전망대로 간다. 울산항과 현대자동차, 현대중공업, 정유사를 내려다보며 울산의 발전상을 해설사를 통해 듣는 기회도 얻는다. 전망대를 내려와 울산대교를 건너 장생포로 가서 고래고기(미미정)로 반주를 곁들어 저녁을 먹고 택시를 타고 숙소로 돌아온다.

♡총연장 21.1km(8h 소요)

'22년 3월 24일(목) 날씨: 맑음

숙소에서 체크아웃하고 8코스 중간지점인 대왕암공원에 차를 주차한 다음 아침 겸 점심을 먹는다. 해파랑길 8코스는 아니지만, 출렁다리와 울기등대, 신라 문무대왕 왕비가 죽어서 용이 되었다는 대왕암 바위, 슬도등대와 귀신고래 조형물 등을 2시간 가량 둘러본다. 대왕암공원 주차 장소로 다시 와서 8코스 종점인 일산해수욕장으로 가서 인증사진을 찍고, 해월당에서 빵을 산 다음 9코스 종점(정자항)으로 가서 인증사진을 찍고 3박 4일 여정을 마치고 대구로 온다.

정자항은 젊은 날 몇 차례 다녀온 적이 있는데 그때는 바닷가에 쓰레기도 많고 비릿한 냄새가 역겨울 정도였는데 이제는 거짓말같이 쓰레기도 없고 냄새도 나지 않는 청정해역이다. 엄청 많이 변했다.

♡총연장 21km(6h 소요)

해파랑길 3차 트레킹 여정
- 경주-포항 구간 57km 2박 3일

🚶🚶 '22년 4월 19일(화) 날씨: 맑음

　동대구에서 시외버스를 타고 울산 효문사거리 정류장에서 내려 택시로 정자항으로 가서 해파랑길 10코스를 걷기 시작한다. 나중에 알아보니 KTX를 이용하면 울산역에서 정자항까지 리무진버스가 운행되고 있어 절약되고 편리했을 텐데 아쉬운 생각이 든다.

　강동 몽돌해변에서 아침을 먹고 나아해변(10코스종점)에 도착해서 인증사진을 찍는다. 나아해변에서 11코스 문무대왕릉까지는 공식적으로 트레킹코스가 없는 구간(봉길터널)이라서 버스를 탈 수밖에 없다. 버스운행 시간을 알아보니 15분밖에 여유가 없어 정류장 가까이 있는 중식당(월성관)으로 가서 자장면을 정말 마시듯이 바삐 먹고 버스를 탄다.

　버스에서 내려 11코스 문무대왕릉 안내문 앞에서 인증사진을 찍고, 해변을 걷는데 주변에 무속시설이 많고 관리가 제대로 된 것 같지 않아 아쉬움이 컸다. 문무대왕의 왕비를 기리는 울산대왕암은 시설이 좋았는데, 문무대왕릉은 왜 이렇게 관리가?

　해파랑길 코스는 아니지만 2km가량 거리의 감은사터를 탐방하고, 만파식적 이견대를 지나 전촌솔밭에 예약한 숙소로 가서 여장을 풀고(17:00) 숙소 앞 식당에서 저녁 식사를 한다.

　걷다가 보면 모래밭, 자갈밭, 아스팔트길, 산길을 만나는데 지 자체마다 차이는 있지만, 곳곳에 목재데크나 야자매트를 깔아 걷기 편하게 정비해 놓은 곳이 많아 체력 소모도 적고 시간도 단축되어 기분 역시 좋을 수밖에 없다.

　누군가 그 사람의 뒷모습이 보이면 사랑이라고 했던가?

　경주 양남의 '주상절리 파도소릿길'을 지나면서 야자매트 깔린 언덕길을 앞서서 걷는 아내의 뒷모습이 정말 아름답게 보인다.

　주상절리를 바라보며 길게 이어진 해안길 풍경 또한 장관이다. 어촌마을마다 미역채취로 모두가 바쁜데 선거철이라서 그런지 후보자인 듯 보이는 어깨띠 두른 양복 입은 사람이 곁에 앉아서 일손도 도우며 선거운동하는 모습이 이채롭다. 곳곳마다 풍광 좋은 곳은 신축공사 하는 곳이 많다.

♡총연장 20km(8h 소요) 캐시워크에 37,779보 기록

🚶‍♂️ '22년 4월 20일(수) 날씨: 맑음

숙소 가까이 아침 식사하는 식당이 없어 부득이 숙소에서 라면으로 끼니를 때우고 전촌항과 전촌용굴, 감포항을 지나 요즘 사진작가들 명소라는 송대말등대에 도착한다. 어저께 나아해변에서 같은 버스를 탔던 엄마와 초등학생 아들을 만나 인사를 나누며 초등학생도 이렇게 트레킹하는구나 싶어 나도 손주들과 함께 트레킹하면 좋겠다는 생각을 하게 된다.

등대 건너편 천주교회 감포공소로 가서 잠시 묵상한 다음에 오류고아라해변으로 간다. 그곳에는 식당이 없어 편의점에서 빵으로 간단하게 끼니를 때운다.

양포항으로 가서 12코스 인증사진을 찍은 다음 양포삼거리로 다시 거슬러 내려가서 아귀탕 맛집 삼거리식당에서 아귀회와 아귀매운탕으로 저녁을 먹고 2km를 다시 올라가서 예약한 창바우어촌체험마을에 여장을 푼다.

코로나가 한창이고 비수기라서 그런지 넓은 어촌체험마을 숙

소에 투숙객은 우리 두 사람뿐이다. 전화하니 관리자인 듯한 여자가 차를 타고 와서 열쇠를 전달하고는 그냥 가버린다. 주변에 아침 식사하는 곳 있냐고 물었더니 500m 떨어진 곳에 공사현장이 있어 식당이 있다고 한다. 듣던 중에 반가운 소리다.

♡총연장 17km(7h 소요) 캐시워크에 33,299보 기록

🚶 '22년 4월 21일(목) 날씨: 가끔 비

숙소에서 반대 방향으로 내려가 공사현장 앞 식당에서 아침을 먹고 다시 숙소로 와서 여장을 꾸려 출발한다. 출발할 때 날씨가 조금 흐렸는데 모포분교를 지날 무렵 장대비가 쏟아진다. 장길리 복합낚시공원을 조금 지나서 비도 피할 겸 해안가 언덕 위에 있는 카페에서 샌드위치와 커피로 점심 끼니를 때운다. 비 그치기를 기다렸다가 다시 구룡포항으로 가는데 길을 잘못 들어 군부대 주변 숲을 헤매다가 경고 방송을 듣기도 하며 우여곡절 끝에 구룡포항에 도착한다.

맛집으로 유명한 할매국수집으로 가서 잔치국수로 저녁을 먹고 철규분식에서 단팥죽과 찐빵을 사 가지고 구룡포시장 앞으로 가서 시내버스를 타고 포항 경유 대구로 온다.

♡총연장 20km(7h 소요) 캐시워크에 28,687보 기록

해파랑길 4차 트레킹 여정
– 손주들과 함께한 구룡포-호미곶 구간 14.2km 당일

🚶🚶 '22년 5월 28일(토) 날씨: 맑음

    나는 구룡포에서 호미곶 해맞이광장까지 해파랑길 14코스가 우리나라 지형에서 호랑이 꼬리에 해당하는 가장 좋은 기운이 서린 곳이라고 본다.
    이런 의미까지 부여하며 가정의 달 5월에 주말을 택해 초등학교 4학년 외손자와 2학년 손녀를 데리고 함께 트레킹하기로 한다.
    섭씨 30℃가 넘는 뙤약볕 아래 손주들과 트레킹하고 싶다는 말에 자식들은 공감하면서도 걱정하는 빛이 역력했지만 아이들은 약해 보여도 어른들이 잘 모르는 인내심과 잠재능력이 있다고 우기며 손주들과 걷기를 강행한다.
    구룡포 일본인가옥거리 앞 14코스 안내문을 배경으로 우리는 완전무장(모자, 마스크, 햇빛가리개)하고 기념 촬영한 다음, 얼마 전에 받은 해파랑길 수첩에 처음으로 스탬프 인증하고 기쁜 마음으로 출발한다.

처음에는 손주들이 약간씩 짜증도 내고 다리도 아프다며 투정을 부렸는데 국수를 즐기는 손주들이 구룡포해수욕장 앞 해풍국수1호점에서 국수를 먹고 나더니 씩씩하게 잘도 걷는다. 구룡포 주상절리를 지나 포스코연수원을 지날 무렵에는 2년 전 포스코연수원에서 할아버지 할머니와 함께 숙박하며 인라인 타고 구룡포과메기박물관 다녀온 이야기도 나누고 장난도 치면서 즐겁게 걷는다.

바닷가 주상절리를 내려다보며 손주들과 함께한 사진과 다무포고래마을 지나 우리나라 내륙에서 제일 동쪽 끝 벤치라고 적힌 곳에서 함께한 사진은 두고두고 아름다운 추억으로 남을 것 같다.

호미곶광장을 2km 앞둔 지점에서 다리가 아파 도저히 걸을 수 없다는 손주들에게 조금만 더 가면 시원한 빙설을 먹을 수 있다고 감언이설로 유혹해서 어렵사리 도착한 호미곶 카페에서 특별 주문한 빙설을 손주들이 허겁지겁 얼마나 잘 먹던지? 생각할 때마다 웃음이 터진다.

속으로는 뙤약볕 아래 14km를 걷는 게 어린 손녀에게는 무리는 아닐까 걱정을 하면서도 중도에 포기하면 의미가 없다는 생각에서 끝까지 강행군시켰다.

 해맞이광장 14코스 종점에서 해파랑길 수첩과 손주들도 각자 준비한 수첩에 인증 스탬프를 찍고 기념촬영한다. 손주들은 호미곶깡통열차를 탄 다음 택시를 이용해서 구룡포주차장으로 가서 포항을 거쳐 대구로 온다.

 해파랑길 14코스 트레킹이 손주들에게는 자신감과 인내심을 키우는 계기가 되고, 성취감도 심어주는 좋은 추억이 되기를 바란다.

 ♡총연장 14.2km(6h) 캐시워크에 24,202보 기록

주상절리를 관찰하는 손주들

동쪽 끝 벤치에서 손주들과 함께

해파랑길 5차 트레킹 여정
- 포항 구간 24km 1박 2일

🚶 **'22년 6월 5일(일) 날씨: 비**

　호미곶광장에 도착할 때는 날씨가 약간 흐렸는데 구룡소를 지날 무렵에는 폭우가 쏟아져 구룡소를 배경으로 사진만 겨우 찍을 수 있었다. 주변을 둘러볼 겨를도 없이 15코스(종점) 흥환리로 가서 마트 앞에 설치된 스탬프 박스에 인증한 다음에 수소문해서 민박집을 구해 여장을 푼다.

　아내는 숙소에서 쉬게 하고 나는 농어촌버스를 타고 호미곶광장 주차장으로 가서 차량을 가지고 와서 인근 식당에서 장어탕으로 저녁을 먹고 숙박한다. 그날 민박집에서 헤어드라이기로 젖은 옷가지와 신발 등을 말리느라 전기세가 만만찮게 나왔겠지만, 숙박시설에 비해 요금(7만 원)이 너무 비싸 미안한 마음은 별로 들지 않는다.

♡총연장 13km(5h)

🥾 '22년 6월 6일(월) 날씨: 오전에는 흐리다가 폭우와 강풍

숙소 건너편 식당에서 고등어 추어탕으로 아침 식사를 하고, 연오랑세오녀테마공원에 차량을 주차한 다음에 선바우와 하선대를 거쳐 흥환해변까지 역순으로 왕복 11km를 트레킹한다.

오래전 우리 가족이 청룡회관(당시 해병대에서 운영했는데 지금은 민간이 위탁 운영하는 호텔마린으로 바뀜)에서 휴가를 보낸 추억이 있어 그곳 식당에 식사하러 갔는데, 현충일 식당 휴관이라 아쉽지만 2km 떨어진 도구해변에 기사식당으로 가서 점심을 먹는다.

애초 계획은 16코스 완보(송도해변)였지만, 폭우와 강풍이 심해 트레킹을 중단하고 귀가할 수밖에 없다. 다음 일정은 16코스 중간(도구해변)에서 다시 출발해야 할 것 같다.

동해안 모든 길이 아름답고 의미가 있었지만, 일명 선바우길이라고 불리는 선바우에서 하선대까지 걷는 데크길은 바닷길을 걸으며 해안의 기암괴석을 바라볼 수 있는 절경으로 특히 '모아이상'이라고 표기된 사람 얼굴을 닮은 큰바위얼굴은 신비롭다.

우리가 걸을 때 적당히 비까지 내려 운치도 있었고, 이육사 시인이 이곳에서 「청포도」 시를 썼다는 푯말을 보면서 무인카페에서 커피도 한잔한다. 언젠가 다시 가보고 싶은 곳이다.

♡총연장 11km(3h)

선바우길 모아이상
(확대하면 큰바위얼굴이 보인다)

해파랑길 6차 트레킹 여정
- 포항 구간 29km 1박 2일

🚶🚶 '22년 6월 9일(목) 날씨: 맑음

    포항 송도해수욕장에 차량을 주차하고 택시를 타고 지난번 트레킹을 중단한 도구해변으로 가서 해병대 군부대 앞을 지나는 해안의 데크길을 따라 걷는다. 동해면 청포도 시비와 청포도 길을 지나 포스코 본사 건물 앞에서 우리는 잠시 걸음을 멈추고 아들의 성공과 포스코 발전을 기원하기도 한다. 다시 형산강둑을 따라 포항운하관을 거쳐 송도해수욕장에 도착해 16코스를 인증한다.

    손녀도 볼 겸 아들 집에 가고 싶었지만, 손녀 등교 준비에 출근 시간 바쁠 테고 또 우리도 새벽에 17코스로 출발해야 한다는 핑계로 포항 시내 호텔에서 숙박하기로 한다.

동해면을 지나면서 이육사의 청포도 시를 암송하며 한껏 뽐내기도 한다. 또 아들 회사 담장 길을 따라 함께 걸으며 우리가 이렇게 유유자적 해파랑길을 트레킹할 수 있는 것은 우리가 모두 건강하고 관계가 그다지 나쁘지 않기에 가능하다며 자화자찬도 한다. 그렇지만 무엇보다 자식들이 모두 제때 취업하고 결혼하고 제 몫을 다하기 때문이 아니냐고 반문도 하면서 서로 당신 덕분이라고 추켜세우는 주책도 부린 트레킹 여정이다. 저녁은 호텔에서 알려준 식당에서 오징어회와 찌개를 맛있게 먹고 아침도 그 식당에서 먹기로 한다.

♡총연장 11km(4h)

'22년 6월 10일(금) 날씨: 맑음

숙소를 출발해서 칠포해수욕장(17코스 종점)에 차량을 주차하고, 택시 타고 송도해수욕장(17코스 시점)으로 다시 온다.

포항여객선터미널을 지나 영일대해수욕장에서 점심을 먹고 환호공원 앞을 지나 죽천항과 수년 전 부부 모임으로 생선회를 맛있게 먹었던 우목횟집(지금은 철거됨) 앞을 지난다. 곳곳이 공사현장인 영일만 신항만을 가로질러 칠포해수욕장에 도착해서 인증하고 기념사진을 찍은 다음에 귀가한다.

시작이 반이라고 오륙도 해맞이공원을 출발해서 지금까지 250km가량 걸었으니 목표점의 1/3을 달성한 것 같다.

목표를 정해 부부가 함께 걷다 보니 정감도 깊어지고 보람도 있고 의미도 있는 것 같다. 마음만 같아서는 해파랑길 750km를 완보한 다음에는 남파랑길과 서해랑길도 트레킹해서 우리나라 해안길을 모두 걸었으면 하는 욕심도 생긴다.

♡총연장 18km(7h) 캐시워크 31,429보 기록됨

부부가 함께 걷고 보고 담은 글

해파랑길 7차 트레킹 여정
– 영덕-칠포 구간 역방향 32.3km 1박 2일

 '22년 8월 23일(화) 날씨: 비

   동대구역에서 무궁화열차를 타고 포항역에서 환승, 영덕역에 도착(08:27)한다. 고불봉(해파랑길 20코스 경유지)으로 올라가서 준비한 김밥으로 아침을 먹은 다음에 역방향으로 5km를 내려가 봉화산을 지나 강구항에 도착해서 20코스 시점 인증한다. 배낭과 옷이 비에 흠뻑 젖어 여벌 옷을 구하려 수소문했지만, 마땅한 옷가게가 없어 포기하고 젖은 상태로 점심을 먹는다.

   해파랑길 코스는 아니지만, 삼사해상공원을 올랐다가 남호해수욕장을 지나 구계항에 도착할 무렵에는 온몸이 땀과 비로 흠뻑 젖은 데다가 한기까지 엄습한다. 예약한 숙소까지 5km 정도 거리지만 걸어가기에는 무리일 것 같아서 지나가는 택시를 타고 숙소로 가서 여장을 푼다. 숙소 앞 식당에서 종업원이 권하는 장어탕을 먹었는데 우리한테는 안성맞춤이다.

지난 6월 13일 부부가 함께 요양보호사학원에 등록하고 시험 준비도 할 겸 또 혹서기 무더위는 피하는 게 좋겠다 싶어 트레킹을 일시 중단했다가 2개월 만에 영덕구간 20코스(고불봉) 중간지점에서 18코스 시점(칠포해수욕장)까지 역방향으로 트레킹하기로 일정계획을 세운다.

교통편에 따라 순방향 또는 역방향으로 트레킹 일정을 짜기도 하고, 일기예보를 참고해서 숙소와 교통편을 예약해도 이번처럼 폭우를 만나거나 강풍으로 고생하는 경우가 많다. 폭우와 강풍을 만나면 우의를 입어도 소용없다. 설령 비를 피할 수 있다 해도 땀으로 속옷이 흠뻑 젖어 여름이라도 추위로 고생할 때가 많다. 이럴 때는 감기 조심이 최우선이다.

♡총연장 15km(6h)

'22년 8월 24일(수) 날씨: 맑음

숙소 앞 식당에서 아침을 먹은 다음 1.4km를 걸어 화진해수욕장(19코스 시점)으로 가서 스탬프 인증과 함께 기념 촬영한다. 다시 8km를 걸어가서 월포해수욕장에서 점심을 먹은 다음에 또 8km를 걸어서 오도리 해수욕장에 도착한다.

  대구 가는 열차 시간 때문에 3km를 앞두고 애초에 계획한 칠포해수욕장까지 가는 것은 포기하고 오도리해변에서 버스를 타고 월포역으로 되돌아와서 포항 가는 열차를 탄다. 포항역에서 아내는 손녀와 약속 때문에 내리고, 나는 대구로 온다.

  ♡총연장 17.3km(7h)

해파랑길 8차 트레킹 여정
- 영덕-울진 구간 57km 3박 4일

🚶 '22년 9월 18일(일)

동대구역에서 무궁화열차를 타고 포항역에서 환승, 영덕역에 도착, 영덕역 광장에서 준비한 도시락으로 아침을 먹는다. 지난 8월 23일 올랐던 20코스 중간지점(고불봉)으로 다시 가서 이번에는 순방향으로 8km를 걸어 신재생에너지전시관과 풍력발전소를 지나 영덕해맞이공원에 도착해서 20코스 인증과 사진을 찍는다.

동해안 푸른 바다 해안 절경을 걸으며 마음은 한껏 상쾌하지만, 아침부터 불편했던 발가락이 점점 더 아프기 시작한다. 경정해변을 지날 무렵에는 이런 상태로 걷다가는 내일 걷기가 어려울 것 같다는 생각에 아쉽지만 경정해변정류장에서 농어촌버스를 타고 축산항으로 가서 예약한 숙소에 도착한다. 발가락 상태를 응급조치한 다음에 축산항(천리미항)으로 가서 물가자미 정식으로 저녁을 먹고 마트에서 아침 식재료를 구매해서 숙소로 돌아온다.

♡총연장 18km(7h)

🚶🚶 '22년 9월 19일(월) 날씨: 태풍(난마돌)

태풍(난마돌)으로 바닷가뿐만 아니라 숙소 바깥을 나가기가 무서울 정도로 바람이 심해 트레킹을 포기하고 1박을 연장하면서 종일 숙소에만 있었다.

🚶🚶 '22년 9월 20일(화) 날씨: 맑음

태풍 다음 날은 날씨가 맑아 아침 일찍 숙소를 나와 그저께 발가락이 아파 걷지 못한 경정2리까지 왕복 5km를 걷는다. 다듬어지지 않은 바닷가 산비탈길이 약간 위험하기는 해도 정말 절경이다. 만약 이 길을 걷지 않고 그냥 갔더라면 얼마나 후회했을까?

숙소로 다시 와서 여장을 꾸려 죽도산 블루로드 현수교를 지난다. 죽도산 전망대 오르는 길은 데크 공사로 통제가 되어서 반대편 방향으로 우회해서 축산등대까지 갔다가 축산항 22코스 시점에서 인증한다.

　태풍으로 위험 구간이 많아 통행을 자제하라는 언론 보도에 걱정이 되어 시외버스를 타고 영덕 괴시리마을 입구까지 간다. 대진해수욕장을 지나 송천강 재첩국 식당에서 재첩국으로 점심을 먹고 아주 오래전 기억도 가물가물한 영해바닷가에서 아내와 데이트한 추억담도 나누며 해변을 걸어 고래불해수욕장에 도착해서 22코스를 인증한다.

　고래불해변에서 오늘 중에 숙소(구산해수욕장)까지 걷기에는 너무 늦을 것 같아 버스를 타고 후포항으로 가서 등기산스카이워크와 주변을 탐방하고 다시 후포항으로 내려와서 23코스를 인증한다.

　택시를 타고 택시기사가 소개한 월송정 부근 식당(부성숯불갈비)으로 가서 저녁을 먹은 다음에 칠흑같이 어두운 밤에 랜턴에 의지하며 울진원자력마이스터고등학교를 지나 3km 정도를 걸어서 예약한 숙소에 도착한다.

　숙소가 복도를 지나면 삐거덕거리는 소리도 들리고, 침구와 침상도 깨끗하지 않아서 아내가 잠옷 위에 우의를 껴입고 취침

부부가 함께 걷고 보고 담은 글

할 정도였다.

　조금 전 식당에서 식사하는 손님 중에 말투와 뒷모습이 어딘가 낯설지 않은 느낌이 들어 혹시나 하는 마음으로 그 친구의 이름을 불러봤더니 돌아보는 모습이 50년이 지난 고등학교 때 동창생이다. 그 친구는 서울에서 평해읍 직산리에 비치타운을 개발하러 내려왔다고 한다. 그 친구가 기어이 우리 식사비까지 부담한다. 젊을 때는 몰랐는데 나이가 들어보니 남에게 작은 신세라도 지는 것이 큰 부담이 된다. 언제 보답할 수 있을지 기약하기가 쉽지를 않아 그런 것은 아닐까? 하는 생각이 든다. 친구 사업장을 내일 아침에 방문하기로 약속하고 헤어진다.

　♡총연장 18km(7h)

'22년 9월 21일(수) 날씨: 맑음

　아침에 숙소에서 빵과 우유로 간단히 끼니를 때운다. 친구 사업장을 찾아 왔던 길을 거슬러 월송정을 지나 5km 내려간 곳에 평해읍 직산리 바닷가에 직산비치타운이라는 안내문이 붙어 있고 제법 규모가 큰 공사현장이 보인다. 친구와 만나 현장에서 차 한잔하고, 우리는 다시 월송정으로 올라와서 대풍헌까지 걷는다. 오늘 울진까지 걷기에는 시간이 바빠 24코스 종점을 5km

앞둔 곳에서 버스를 타고 기성버스정류장까지 와서 점심을 먹은 다음에 24코스를 인증한다.

망양해수욕장까지 걸어가서 대구 가는 버스시간표를 확인했더니 오후 7시가 막차란다. 남은 시간이 30분밖에 없어 마침 지나가는 버스를 탔는데 버스기사가 고맙게도 우리를 위해 조금 빨리(?) 운행해준 덕분에 시간에 맞춰 울진터미널에 도착(18:50)해 막차(19:00)를 타고 대구에 올 수가 있었다.

기성리 고개 오르막길을 걷는데, 두 사람이 자전거를 타고 열심히 오르기에 "파이팅" 하며 응원을 해주고, 조금 가다가 보니 일행 중 한 사람이 다리에 쥐가 났는지 길거리에 자전거를 팽개쳐 두고 다리를 잡고 쩔쩔매고 있다. 곁에 있는 초등생 어린 딸이 어쩔 줄 몰라 하는 게 안타까워서 서투른 응급처치로 다리를 풀어주고 우리는 시간이 바빠 그냥 올 수밖에 없었다. 마음 한구석에 끝까지 보살피지 못한 찜찜함이 있던 차에 망양휴게소를 지날 무렵에 그 부녀가 자전거를 타고 지나가면서 고맙다고 인사하는 것이 얼마나 다행스럽고 고맙게 느껴졌는지?

또 기성리 바닷가에서 조금 쉬었다 가는데 아내가 선글라스를 두고 왔다고 한다. 다시 그 장소로 되돌아가 보니 선글라스가 얌전케도 그대로 있다.

부부가 함께 걷고 보고 담은 글

막차 시간에 쫓겨 바삐 버스를 탔는데 운전기사가 우리를 오전에 후포 방향으로 버스 운행하면서 구산해수욕장 앞에서 봤다면서 먼저 수인사를 한다. 아마도 그런 인연으로 막차 시간에 맞게 약간 무리를 해주신 것은 아닌가 싶다. 운전기사의 그런 배려가 없었다면 우리는 울진에서 하룻밤을 더 묵고 이튿날 대구로 올 수밖에 없었는데 고마운 인연이다.

♡총연장 21km(8h)

해파랑길 26코스 울진 구간을 걸으며

해파랑길 9차 트레킹 여정
- 삼척-울진 구간 역방향 101km 6박 7일

🚶🚶 '22년 10월 6일(목) 날씨: 폭우와 강풍

    일정계획을 세워 숙소를 예약하고 출발하려니 전날부터 비가 오는 것이 걱정되었지만 강행하기로 마음을 먹는다. 자가 차량으로 울진에 도착해서 울진강변에 차량을 주차하고, 울진터미널로 가서 버스를 타고 삼척에 도착한다. 점심을 먹는데 폭우와 강풍으로 트레킹하기에는 도저히 무리일 것 같아 인근 시장으로 가서 식재료를 구매해서 택시를 타고 예약한 숙소로 간다. 숙소가 분위기는 좋은데 방이 너무 좁아 젖은 신발과 옷가지 말리기에도 불편하다.

    ♡총연장 3km(1h)

부부가 함께 걷고 보고 담은 글

🚶 '22년 10월 7일(금) 날씨: 폭우와 강풍

아침에 일어나 아침 식사를 든든히 하고, 판초 우의로 완전무장한 다음 폭우 속에 삼척 맹방해변에서 역방향으로 울진까지 트레킹을 시작한다. 3km 정도를 걸어가서 덕봉산 앞 덕산교를 건너기 전 31코스(종점) 안내판을 비바람 속에 어렵게 찾아서 인증한다. 다시 3km를 걸어가서 옹심이 수제비를 즐기는 아내를 위해 알아본 맛집을 찾아 코스를 벗어난 곳에 있는 삼척수제비식당으로 가서 점심을 먹는다. 다시 해파랑길 코스로 되돌아와서 걷는데 폭우로 신발이 흠뻑 젖고 미끄러워 트레킹하기는 역시 무리라는 생각에 궁촌행 버스를 탄다. 착오로 궁촌을 지나 용화까지 가게 되어 용화에서 레일바이크를 타고 다시 궁촌으로 올라와서 31코스(시점) 인증하고 용화행 셔틀버스를 타고 예약한 숙소로 가서 여장을 푼다.

맹방해변을 지나 덕봉산 앞을 지날 때는 앞을 제대로 보기 어려울 정도로 폭우가 쏟아지고 강풍으로 몸을 제대로 지탱할 수가 없어 인증사진 찍기도 어려웠다. 덕산해변 앞 덕봉산전망대가 아름다운 곳이라고 했는데 지난번 태풍으로 데크가 훼손되어 출입이 통제된 탓에 가 볼 수는 없었다. 맹방해수욕장 바닷가 울타리 곳곳에 BTS가 다녀가고 촬영한 곳이라며 수많은 보라색

리본이 매여져 있는 것이 이색적이었다.

　맛집이라고 어렵게 찾아간 식당이 기대한 만큼은 아니고 주변에 군부대가 있는지 군인들은 가격할인도 해주는 것 같았다.

　궁촌에서 30코스 인증하면서 용화 방향으로 트레킹하는 50대 남자 두 명을 만나 숙소는 어떻게 하냐고 물었더니 자기들은 숙소는 별도로 예약하지 않고, 그냥 걷다가 숙박업소가 있으면 다행이고 없으면 민박하거나 마을회관에라도 부탁해서 숙박을 해결한다고 한다. 이런 방법은 남자들끼리 트레킹하면 가능한 일이지만, 우리처럼 부부가 트레킹하는 경우에는 숙소를 예약하지 않으면 곤란한 일이 생길 수도 있고, 또 마을이나 인가가 멀리 떨어진 곳도 많아 우리는 출발 전에 코스와 숙박업소를 꼭 확인해 예약하고 다닌다.

　수년 전에 사돈분들과 동해안을 여행하면서 이곳에서 레일바이크를 함께 타고 인근에서 물메기탕으로 식사한 기억이 난다. 저녁을 먹고 숙소 선물 가게를 구경하다가 마음에 드는 모자가 있어 구매해 이번 트레킹 내내 잘 쓰고 다닌다.

　♡총연장 12km(4h)

'22년 10월 8일(토) 날씨: 맑음

어제는 종일 폭우가 내렸는데 오늘은 언제 그랬냐는 듯 쾌청한 날씨다. 밤늦도록 아내가 헤어드라이기로 말린 옷과 신발이 뽀송뽀송한 게 한결 기분도 상쾌하다. 호텔 식당에서 아침을 먹고 숙소를 나와 용화방파제와 주변을 둘러보고 장호초등학교 앞에서 해파랑길 29코스를 인증한다.

계곡을 따라 깊은 골짜기 고개를 넘어 검봉산휴양림 입구에서 호텔에서 산 새 모자를 쓰고 기념사진도 찍고 임원항까지 10km를 부지런히 걷는다. 가는 길에 용변이 보고 싶었지만 마땅한 곳이 없어 4km 정도를 참고 가다가 임원119지구대 화장실에서 용변을 볼 수가 있었다. 트레킹 중에는 용변을 제대로 볼 수 있는 시설이 많지 않은 것도 큰 문제다. 그래서 화장실만 있으면 무조건 용변을 보고 가는 것도 트레킹의 한 요령이다.

임원항에서 생선회로 점심을 먹은 다음 트레킹코스는 아니지만 수로부인헌화공원을 탐방한 다음에 원덕읍 호산버스정류장으로 가서 28코스(종점)를 인증한다. 이번에는 숙소를 예약하지 않은 탓에 여러 곳을 수소문해서 겨우 방을 얻어 여장을 풀고 저녁 식사를 한다.

♡총연장 21km(8h)

🚶🚶 '22년 10월 9일(일) 날씨: 흐리다가 폭우

숙소에서 빵과 우유로 간단하게 끼니를 때우고 갈령재를 넘어 경상북도와 강원도 경계지점인 도화동산을 올라 사방을 둘러본다. 도로를 사이에 두고 한편으로 보이는 산은 모두가 새까맣게 불에 타서 마치 큰 숯덩이 같다. 처참한 울진삼척 산불피해현장의 모습이다. 방송으로만 보던 피해현장의 중심을 이렇게 직접 걸으면서 보니 안타까운 마음이 더욱 크다. 이 피해를 원상복구 하려면 얼마나 많은 시간과 노력이 필요할까? 화가 난다.

경상북도 도화가 백일홍이라는 것과 그 도화를 심어 도화동산을 만들었다는 것도 이곳 안내문을 보고 처음 알게 된다.

부구삼거리 27코스(종점) 인증할 때까지만 해도 흐린 날씨였는데 그곳을 지나 흥부시장에서 점심을 먹고 나오니 비가 억수같이 쏟아진다. 이번 여정은 폭우와 함께 비를 맞으며 걷는 게 일상인 듯하다. 죽변항 가기 전 '울진-독도 내륙최단거리 216.8km 표지석' 앞에서 기념사진을 찍고 죽변항으로 가서 예약한 숙소에 여장을 푼다. 다시 가벼운 차림으로 죽변등대공원을 탐방하고 오는 길에 어판장에서 문어를 사서 문어숙회로 저녁을 맛있게 먹는다.

숙소는 방이 넓어 옷 말리기가 좋고, 주인 할머니가 곰치국 맛집 정보도 상세히 알려준다. 이전에 맛집으로 소문난 곳은 여사장이 아프고부터는 자주 문을 닫는다며 아마 오늘도 문을 닫았을 거라고 한다.

♡총연장 24km(9h)

🚶 '22년 10월 10일(월) 날씨: 맑은 후 저녁 늦게 태풍

아침은 죽변항 곰치국 맛집(우성식당)에서 식사하고, 죽변시외버스정류장 26코스(종점) 안내문 앞에서 인증한다. 다시 봉평해변과 연호공원을 지나 울진강변으로 가서 주차한 차량을 가지고 수산교로 가서 25코스(종점)를 인증한다.

출발 전에 예약한 염전해변 캠핑장 야영이 태풍주의보가 발령되어 걱정은 되었지만, 이번 기회가 아니면 언제 우리 부부만 야영할 수 있겠나 하는 생각과 야영장에 야영객들이 많은 것을 위안 삼아 염전해변 캠핑장에서 준비한 텐트를 치고 야영을 시작한다.

태풍에 대비해서 텐트를 여러 겹 나무에 끈으로 묶어 준비를 철저히 했지만, 텐트 안에서 들리는 태풍 소리는 상상을 초월한다. 혹시 태풍에 텐트라도 찢어질까 두려워 자정 무렵부터 1시간가량은 주차한 차량에 들어가 있다가 바람이 잔잔해진 다음에 텐트로 다시 들어가기도 한다.

태풍이 불기 전 초저녁에 해변에서 바라본 월출 모습은 정말 장관이다. 주변 야영객들은 태풍이 심해도 큰 텐트 안에서 랜

턴 켜고 여흥을 즐기는 모습 또한 이채롭다. 모두 겁 없는 사람들이다.

♡총연장 15km(5h)

🚶‍♂️ '22년 10월 11일(화) 날씨: 맑음

태풍 다음 날에는 언제 그랬느냐는 듯 날씨가 맑고 쾌청하다. 해안선을 따라 차량으로 드라이브하면서 지난번 트레킹 때 대구 가는 막차 시간 때문에 25코스 중에 제대로 걷지 못한 망양해변의 망양정과 망양휴게소를 걷고, 선글라스를 잃었다가 다시 찾은 기성바닷가도 추억 삼아 다녀온다. 누가 먼저랄 것도 없이 날씨도 이렇게 맑고 시간 여유도 있으니 지금까지 우리가 트레킹하면서 건너뛴 지점이나 또 다녀온 코스 중에 다시 가보고 싶은 곳을 가보면 좋겠다는 데 의견 일치가 된다. 난마돌 태풍으로 하루를 더 숙박하고 이튿날 아침에 걸었던 '축산항에서 경정마을 가는 아름다운 길'이 생각나 그곳을 한 번 더 걷기로 마음먹고 축산항 씨포트 리조트를 예약한다.

♡총연장 10km(3h)

🚶‍♂️ '22년 10월 12일(수) 날씨: 맑음

아침 식사하고 숙소에서 바닷가 산길을 따라 경정마을까지 왕복 트레킹한 다음에 숙소를 나와 노물리에 차를 주차하고 영덕블루로드 대게원조마을 푸른바닷길을 따라 석리마을회관까지 왕복 6km를 또다시 걷는다. 그리고 장사해수욕장으로 가서 점심을 먹고, 군함으로 된 '장사상륙작전 전승기념관'을 관람하고, 지난번 17코스 트레킹하면서 영일대에서 바라보기만 했던 환호공원 스페이스워크로 간다. 가는 날이 장날이라고 한국관광공사에서 홍보영상을 촬영한다며 모델들이 스페이스워크 위에서 포즈를 취하는 모습도 흥미롭게 보고 영일대해수욕장으로 내려와서 마라도횟집에서 물회로 저녁을 먹고 6박 7일 여정을 마치고 전원주택으로 온다.

♡총연장 16km(6h)

울진 염전해변에서 태풍이 오기 전에 야영을 준비하며

해파랑길 10차 트레킹 여정
– 삼척-동해 구간 63km 4박 5일

🚶‍♂️🚶‍♀️ '22년 10월 31일(월) 날씨: 맑음

동대구역에서 동해역으로 가서 다시 버스를 타고 삼척으로 간다. 옹심이 칼국수로 유명한 부명칼국수로 가서 점심을 먹고 지난번에 걸었던 32코스 중간지점(죽서루)으로 가서 삼척항을 거쳐 비치조각공원에서 잠시 동해의 검푸른 바다를 조망한다. 전망 좋은 쏠비치를 지나면서 이곳을 숙소로 예약했다가 추암으로 숙소를 변경한 아쉬움을 나누며 이사부공원에서 쏠비치를 배경으로 사진만 찍는다. 32코스 종점(추암역)으로 가서 인증하고 예약한 숙소로 간다. 숙박업소가 같이 운영한다는 식당으로 가서 저녁을 먹는데 불친절하고 맛도 없어 쏠비치에 숙박했으면 하는 아쉬움만 더 키웠던 숙박업소와 식당이다.

♡총연장 14km(5h)

🚶 '22년 11월 1일(화) 날씨: 맑음

숙소에서 빵과 우유로 끼니를 때우고 숙소를 나와 일출명소 추암 촛대바위 능파대를 관망한다. 출렁다리를 지나 어제 동해역에서 버스 탑승한 곳을 지나 삼교리동치미막국수 동해점으로 가서 점심을 먹는다. 한섬해변을 지나 묵호역에 도착해서 33코스를 인증한 다음에 예약한 숙소로 가서 여장을 푼다.

가벼운 차림으로 묵호항 활어 시장으로 가서 생선회를 포장해 와서 저녁을 먹는데 양이 부족한 듯해서 숙소 인근 식당에 순댓국을 주문했는데 순댓국 맛집이다.

♡총연장 14km(5h)

🚶 '22년 11월 2일(수) 날씨: 맑음

숙소를 나와 어제 먹은 순댓국집에서 아침 식사하고, 묵호 활어 시장을 지나 논골담길을 올라 묵호등대를 탐방한다. 어달항으로 가서 한결카페에서 브런치를 먹었는데 분위기도 좋고 맛도 있었다며 아내가 지금도 그곳을 잊지 못한다. 대진항을 지나 동해시 망상해변에 도착해 예약한 숙소로 가서 여장을 푼다. 다시 가벼운 차림으로 여장을 꾸려 8km를 걸어 강릉시 옥계면 34코스 종점(한국여성수련원)에 도착해서 인증한다.

숙소로 돌아가기 위해 버스정류장이 있는 근진초등학교까지 1km를 걸어가 30분을 기다렸는데 차량이 없어 마을주민에게 버스 시간을 물었더니 동절기에는 오후 4시 30분이 막차란다. 우리가 정류장에 도착한 시각이 4시 40분쯤이니 막차가 금세 지나간 모양이다.

다시 왔던 길을 되돌아가야 하는데 오후 5시가 넘으니 숲속의 시골길이라 걷기에는 위험하고 거리도 만만치 않아 걱정이다. 주유소에 가면 혹시 편승할 차량이라도 있을까 하는 마음으로 주유소를 검색해 3km 정도를 걸어가서 주유소를 찾는다. 운 좋게도 어떤 여성 운전자분께서 동해시로 가는 길이라며 흔쾌히 차량 편승을 허락해 줘 편안하게 이동할 수가 있었다. 차를 내리면서 고마운 마음에 작은 성의(?)를 표했는데 괜찮다며 창문 밖으로 그 성의를 기어이 던지면서 두 분 트레킹 잘 하라고 격려까지 해준다. 참 고마운 분이다. 만약에 내가 이런 경우라면 어떻게 했을까? 많은 걸 생각하게 하는 체험 사례다.

조금 전에 내가 주유소를 찾아 안절부절못하는데도 아내는 노래까지 흥얼거리며 태연자약한 게 의아해서 물었더니 대답이 가관이다. '두 사람이 함께 걱정한다고 문제가 금방 풀리는 것도 아니고, 당신이 어련히 알아서 잘 하겠지' 하는 마음으로 걱정 없이 걷기만 했다고 한다. 이렇게 대책 없이 부족한 남편을 믿어

부부가 함께 걷고 보고 담은 글

주는 아내가 있어 모든 게 만사형통인 것 같다는 생각이 드는 게 주책은 아닌지 모르겠다.

숙소로 와서 망상해변 국밥집으로 가서 늦은 저녁을 먹는다. 식당 여사장님이 자기는 코로나로 어렵고 건강이 좋지 못해서 힘들 적에 '미스터 트롯 이찬원과 영탁' 때문에 살아갈 수가 있었다고 한다. 나이 든 부부가 이렇게 해파랑길 걷는 모습이 너무 보기 좋다며 칭찬 일색이다. 조금 전에 옆자리 단골손님이 주고 간 홍시를 우리에게 다시 선물로 준다. 이렇게 커다란 홍시 2개면 내일 아침 요기로 너끈할 것 같다. 오늘은 이래저래 고맙고 좋은 분들과 만나서 즐겁고 행복한 하루다.

♡총연장 18km(6h)

'22년 11월 3일(목) 날씨: 맑음

숙소를 나와 옥계 가는 버스를 타고 정류장에서 1시간을 기다려 환승한 다음에 어제 갔던 금진초등학교 앞에서 버스를 내려 다시 걷기 시작한다.

금진항 해변을 돌아 부부가 함께 오면 금실이 좋아지고 원하는 아이가 생긴다는 합궁골 앞을 지나 심곡항 시골식당에서 망치매운탕으로 점심을 먹는다.

해파랑길 코스는 아니지만 정동진부챗길로 우회해서 예약한 숙소(정동진썬크루즈호텔)로 가서 체크인하고, 호텔을 배경으로 사진도 찍고 조각공원도 산책하고 호텔 스카이라운지에서 저녁을 먹고 술 한잔한 다음에 잠자리에 든다.
　♡총연장 10km(3h)

🚶🚶 '22년 11월 4일(금) 날씨: 맑음

아침 일찍 호텔전망대에 올라 일출을 보고, 식사한 다음에 35코스 종점인 쾌방산 입구로 가서 인증한다. 옹심이칼국수 맛집을 찾아 마을버스를 타고 심곡항으로 다시 가서 맛나게 점심을 먹고, 또 정동진부챗길을 걷는다. 정동진썬크루즈호텔을 지나 정동진역으로 가서 열차를 타고 동해역에 도착해 열차를 타고 대구로 온다.
　♡총연장 7km(2h)

34코스 묵호 논골담 오르는 길
담벼락에 그려진 그림

해파랑길 11차 트레킹 여정
- 강릉 구간 61km 4박 5일

🚶‍♂️ '22년 11월 22일(화) 날씨: 맑음

애초 계획은 11월 21일 저녁에 대구 출발해서 동해에서 숙박하고 아침 일찍부터 트레킹할 계획이었지만 갑자기 일이 생겨 일정을 하루 늦춰 22일 아침에 동해에 도착해 점심을 먹고 정동진 가는 기차 타고 정동진 도착(13:37)해서 지난번에 인증했던 35코스(종점) 괘방산 입구로 간다.

괘방산 산불감시원이 그 시각(14:00)에 괘방산을 트레킹하기는 위험하다고 만류한다. 그래서 해파랑길 정규코스는 아니지만 동명해변을 우회하는 해안길 7.3km를 걸어서 36코스(종점) 안인해변에 도착해 인증한다. 다시 4km를 더 걸어가서 37코스 중간지점에서 저녁을 먹고, 강동초교 앞 정류장에서 강릉역으로 가는 버스를 타고 예약한 숙소에 도착해서 그저께 택배로 부친 짐을 확인하고 여장을 푼다.

강릉구간(36~40코스)은 날씨가 춥고 4박 5일 일정이라 준비할 물품이 많다. 울산에서처럼 강릉역 앞 숙소에 베이스캠프를 정해 4일 연박하며 대중교통을 이용해서 트레킹할 계획으로 숙소에 먼저 택배로 짐을 보내고 대구에서부터 가벼운 차림으로 걷고 있다. 울산구간과 강릉구간은 이렇게 트레킹하기 가능한 조건이 된다.

♡총연장 11km(4h)

'22년 11월 23일(수) 날씨: 비

아침부터 비가 온다. 숙소에서 택시를 타고 37코스 중간지점(강동초교)으로 가서 비를 맞으며 37코스(종점) 오독떼기전수관까지 가서 인증한 다음에 구정면사무소 앞 강보리밥 식당에서 점심을 먹는다. 그사이 비는 그치고 강릉단오공원을 지나 38코스(종점) 솔바람다리까지 가서 인증한 다음에 저녁을 먹고 버스를 타고 숙소에 도착한다.

38코스 모산봉 넘는 길에 소나무 아래 송화가루 같은 노란색 물체가 여러 군데 떨어져 있기에 지나는 주민에게 물었더니 병

충해라고 한다. 그냥 건성으로 볼 땐 몰랐는데 그 말을 듣고 자세히 살펴보니 아주 작은 벌레들이 꼼지락거리는 게 무척 징그러워 보인다.

솔바람다리에서 38코스 인증할 무렵에는 피로와 강풍으로 추위에 오들오들 떨던 아내의 모습이 영상에 그대로 담긴다. 아침부터 비를 맞으며 걷고 저녁에는 추운 날씨에 강풍까지 겹쳐 고생이 심한데도 잘 버텨주는 것이 고맙다.

♡총연장 27km(10h)

'22년 11월 24일(목) 날씨: 맑음

숙소에서 빵과 우유로 아침 요기를 하고 이번에는 40코스를 역방향으로 트레킹하려고 강릉역으로 가서 주문진 가는 버스를 탄다. 주문진에서 내려 주문진해변 수상구조대 건너편에 설치된 40코스(종점) 안내문 앞에서 사진 찍고 인증을 한다. 다시 주문진항으로 내려가서 이제 막 문을 여는 식당(다경횟집)에서 생선회로 이른 점심을 먹는데 아내가 정말 맛있다며 극찬이다. 트레킹 중에는 생선회를 먹으면 배탈 날까 염려해 먹지 않는 사람도 있다는데 우리는 개의치 않고 잘 먹는다.

영진항과 연곡해변을 지나 사천진리에 도착해서 사천진해변에서 40코스(시점)를 인증한다. 강릉커피콩빵 원조집이라는 곳에서 커피콩빵을 한 통 사고 강릉시티sea+tea 버스를 타고 강문해변 초당두부마을로 가서 순두부정식으로 저녁을 먹고 시내버스를 타고 숙소에 도착한다.

 4일 연박이다 보니 숙소 여사장님과도 가까워져서 잠깐이지만 그분의 인생사와 가족사까지 듣는다. 요즘에는 불면증으로 하룻밤을 꼬박 새우는 경우가 많다며 넋두리한다. 오늘은 덩치가 커다란 30대 초반의 아들이 카운터를 보면서 반갑게 우리를 맞이한다.

 ♡총연장 13km(5h)

'22년 11월 25일(금) 날씨: 맑음

 숙소를 나와 강릉여고 앞에서 버스를 타고 강릉항으로 가서 그저께 인증한 38코스(종점) 솔바람다리로 간다. 커피거리로 유명한 안목해변 카페에서 커피를 한잔하는 여유도 잠깐 부린 다음, 송정해변 솔밭길을 걷는다. 강문해변과 경포해변을 지나서 경포호수를 반쯤 돌다가 점심시간이 되어 오래전 가족이 함께 식사했던 추억으로 원조초당순두부(어제는 문을 닫아 옆집에서 식사함)로 가서 순두부정식으로 식사한다. 허균허난설헌기념관을 탐방한 다음에 경포호수 나머지 코스를 일주하고 경포해변으로 다시 가서 버스를 타고 숙소에 도착한다.

안목커피거리는 1km가량 커피가게만 있는 곳으로 커피성지로 일컬어진다. 점심 먹으러 가는 길에 초당순두부마을 어귀 '툇마루커피'에는 긴 인파가 줄 서 기다리는 풍경을 보기도 한다. 강릉에는 곳곳에 커피콩빵가게도 많다.

해파랑길은 좋은 길이 참 많지만 아름답고 풍치 좋은 곳은 걷기가 조금 불편한데, 강릉 송정해변 솔밭길 3km는 푸른 바다를 바라보며 소나무 아래 솔 향기 맡으며 걸을 수 있는 편안한 길이었던 것 같다. 경포해변은 맑은 날씨에도 바람이 심해 스카이베이호텔에서 경포관광안내센터 앞 삼거리까지 걸어 나오는데 제대로 걷기가 힘들 정도로 강풍이었다.

저녁은 30여 년 전 강릉 출장 와서 식사했던 춘하추동 해장국이 생각나서 숙소 사장님께 혹시나 하는 마음에 물었더니 아직도 식당을 운영한다고 해서 조금 떨어진 곳이지만 그곳에 가서 저녁을 먹는다.

여행을 다니다 보면 많은 추억을 쌓기도 하지만 지난날 추억이 있는 곳을 찾아가서 지난날을 되새겨보는 것도 여행의 의미가 아닐까 하는 생각이 든다. 해장국 맛도 맛이지만 젊은 날 혈

기왕성하던 그 시절을 다시 한번 회상해 본 행복한 저녁 시간이었던 것 같다. 오늘이 이 숙소에서 마지막 밤이다.

♡총연장 10km(5h)

'22년 11월 26일(토) 날씨: 맑음

어제까지 강릉구간(36~40코스) 트레킹은 모두 마쳤다. 오늘은 해파랑길은 아니지만, 유적지인 선교장과 오죽헌을 둘러볼 생각이다. 무거운 짐은 숙소에 맡겨두고 가벼운 차림으로 선교장으로 가서 선교장과 선교장 둘레길을 걷고, 오죽헌으로 가서 오죽헌을 관람한다.

학창 시절 선생님이 아내에게 신사임당이라고 별명을 지었다는 이야기를 상기하면서 신사임당 동상 앞에서 아내와 기념사진을 찍는다. 신사임당만큼 자손들 잘되게 해주십사고 축원도 한다.

오죽헌을 나와 '오죽하면'이라는 국수집에서 점심으로 국수를 먹고 율곡중학교를 지나 화부산을 넘어 강릉역에 도착한다. 아내는 강릉역에서 기다리게 하고 나는 숙소로 가서 남은 짐을 모두 챙겨 다시 강릉역으로 온다. 동해역으로 와서 저녁을 먹고 동해역을 출발(17:56) 동대구역에 도착한다.

'22년 2월 27일부터 걷기 시작한 해파랑길이 11월 25일까지 11차 트레킹 여정으로 강릉구간까지 모두 40코스를 걸었다. 나머지 구간(양양, 속초, 고성)은 혹한기를 지나서 내년 봄에 다시 시작해야 할 것 같다.

우리 부부가 함께 걷는 해파랑길이라서 더욱 아름답고 행복한 여정이다. 벌써 '23년이 기다려진다. 그동안은 따뜻한 곳이나 가까운 곳을 찾아 트레킹하면서 체력과 정신력을 가꿔야겠다. 일주일만 제대로 걷지 않고 게으름을 피우면 체력도 떨어지는 것 같고 자신감도 없어지는 것 같다. 누죽걸산이다.

해파랑길 12차 트레킹 여정
- 양양-속초 구간 81km 5박 6일

🚶🚶 '23년 3월 12일(일) 날씨: 흐리다가 오후부터 폭우

 '22년 2월 27일부터 시작한 해파랑길을 11월 25일 강릉구간(주문진)에서 마무리하고 '23년 3월 12일부터 5박 6일 일정으로 자가 차량으로 대구에서 출발한다. 일기예보를 보고 만반의 준비를 했지만, 영동고속도로를 들어서면서부터 예상한 것보다 비가 많이 온다.

 원래 계획은 38선휴게소에 차량을 주차하고 역방향으로 버스를 타고 남애항으로 가서 죽도정과 하조대를 거쳐 동호해변까지 트레킹하기였다. 그런데 대관령휴게소를 들어서니 기온이 많이 떨어져 계획한 대로 하기는 무리라는 생각에 계획을 바꾼다. 대관령휴게소에서 점심을 먹고, 지난해 11월 24일 인증한

부부가 함께 걷고 보고 담은 글

41코스(시점) 주문진까지 갔다가 남애항과 광진해변을 둘러보고 하조대 부근 식당에 차량을 주차한다.

41코스 종점(죽도정)까지 역방향으로 걸어가서 인증한 다음 다시 38선휴게소와 하조대전망대까지 트레킹하고, 42코스 종점(하조대해변)에 도착해서 인증하고 주차한 장소로 가서 저녁을 먹고 동호해변에 예약한 숙소로 가서 여장을 푼다.

출발하면서 아내가 감기 기운이 있다고 했는데 밤에 기침으로 잠을 제대로 못 자는 것 같다. 나는 아내가 걱정할까 봐 잠을 잘 잤다며 너스레를 떨었지만 걱정이다. 트레킹 중에 감기가 심해지면 큰일이다. 고속도로휴게소마다 울긋불긋 봄맞이 산악회 관광객이 많아진 것이 마치 코로나 이전으로 돌아간 분위기다.

♡총연장 12km(5h)

'23년 3월 13일(월) 날씨: 맑음

숙소에서 제공해 준 음식으로 아침을 먹고 숙소에 차량을 주차해 두고 동호해변에서 43코스(종점) 수산항까지 트레킹한다. 다시 양양솔비치호텔을 지나 송전해수욕장까지 걸은 다음에 택시를 타고 숙소로 돌아와서 차량을 가지고 낙산해변으로 간다.

아내 감기 때문에 섭국(홍합매운탕)으로 식사하고, 낙산사를 탐방한 다음 설악해맞이공원으로 가서 44코스를 인증하고 대포항으로 가서 생선회를 사서 설악연수원으로 간다. 생선회를 사기 전에 감기약을 사면서 약사에게 물었더니 생선회는 감기에 좋다고 한다. 그래서 매운탕 찌갯거리도 추가로 더 가져간다.

여행하다 보면 많은 사람을 만난다. 오늘은 송전해변정류장에서 숙소(동호해변)로 돌아가는 마을버스를 기다리는데 지나가던 할머니가 우리를 유심히 살펴보면서 한참을 걸어가더니 다시 되돌아와서 우리에게 어디로 가는 버스를 기다리냐고 묻는다. 그래서 자초지종을 이야기하니 그 방향 버스는 2시간을 더 기다려야 한다며 500m 아래 택시정류장이 있다고 알려준다. 그 할머니의 고마운 배려가 없었다면 우리는 2시간을 허비하고 고생도 많이 했을 텐데 정말 감사한 할머니다.

시골 마을버스는 노선은 검색되어도 운행시간과 횟수는 제대로 검색되지 않는 경우가 많다. 지난해 가을 강릉구간 금진초등학교 앞에서 마을버스가 끊긴 걸 모르고 기다리다가 어려움을 겪은 경험도 있다.

♡총연장 14km(4h) 캐시워크에 19,074보 기록됨

부부가 함께 걷고 보고 담은 글

🚶🚶 '23년 3월 14일(화) 날씨: 맑음

아내 컨디션이 많이 좋아진 것 같다. 45코스를 역방향으로 트레킹하려고 연수원 건너편 정류장으로 가서 장사항 가는 버스 시간을 알아봤더니 1시간 30분은 기다려야 한단다. 그래서 지나가는 택시를 탔는데 택시비(16,000원) 부담이 너무 크다. 장사항에서 택시를 내려 영랑호로 가서 영랑호 범바위, 영랑호수 윗길을 걸으며 지난해 산불로 영랑호 주변의 불탄 숲과 건물을 보면서 또 산불에 대한 무서움을 느낀다.

영랑호 가는 길에 용변이 급해 도로변 건축사무소 앞에 서 있는 사람에게 염치불구하고 부탁하니 자기 사무실이라며 친절하게 2층 화장실 사용을 배려해준 덕분에 어려움을 해우(?)할 수가 있었다.

영랑호를 지나 속초등대전망대 앞 식당에서 대구탕과 가자미찌개로 점심을 먹고, 영금정과 속초여객선터미널, 아바이마을을 거쳐 속초해수욕장까지 걷는다. 다시 갔던 길을 되돌아와서 아바이마을의 갯배를 타고 속초중앙시장에 들러 아내가 즐기는 감자옹심이(윤석열대통령이 다녀간 식당)로 조금 이른 저녁을 먹는다. 오는 길에 내일 아침 식사용으로 아바이순대와 취떡, 문어국밥을 사서 노학동까지 걷다가 오늘 너무 많이 걸은 것 같다는 생각에 지나가는 택시를 타고 연수원에 도착한다.

매점에서 막걸리 1병을 사서 아바이순대와 한잔하고 폭 잔다. 설악연수원에서 2박째다. 비용을 절약하려고 설악연수원을 이용했는데 버스 시간과 코스가 제대로 연결되지 않아 기대한 만큼 절약은 되지 않는다.

♡총연장 22km(8h) 캐시워크에 27,833보 기록됨

🚶‍♂️🚶‍♀️ '23년 3월 15일(수) 날씨: 맑음

47코스를 걷기 위해 오션투유리조트에 차량을 주차하고, 삼포해변으로 가서 47코스 시점 안내문 앞에서 인증하고 출발한다. 봉수대해수욕장과 송지호를 지나 왕곡한옥마을 초입 오봉식당(산채비빔밥)에서 점심을 먹고, 47코스(종점) 가진항으로 가서 인증하려고 하는데, 여러 사람이 줄을 서 있기에 물어보니 관광버스로 서울에서 온 단체 해파랑길 걷는 사람이란다. 관광버스로 해파랑길 트레킹하는 것이 편하고 효율적이기는 할 것 같다 그런데 느낌은 어떨까?

우리가 지난해 트레킹을 시작할 때만 해도 코로나가 한창이던 시절이라 개별적으로 트레킹하는 사람은 있어도 관광버스로 단체 트레킹하는 사람은 만나지를 못했는데 오늘 처음 만났다.

가진항 커브길 고개 넘어 버스정류장으로 가서 버스를 기다리는데 회차 간격이 2시간인 버스를 운 좋게 5분도 채 기다리지 않아 삼포 가는 버스를 탈 수가 있어 예상한 시간보다 훨씬 일찍 연수원에 도착한다. 오늘처럼 트레킹이 끝나는 지점에서 제때 버스를 탈 수만 있다면 시간이 엄청 절약되는데 시골버스 대부분이 하루에 5~6회 운행되는 실정이라 이것은 희망에 불과할 뿐이다.

저녁은 오래전 아내와 함께 속초에 와서 척산온천 부근에서 먹었던 순두부 맛을 추억하며 연수원 부근에 있는 속초할매순두부집으로 갔는데 기대한 것보다 맛도 없고 불친절해서 실망이 컸다. 이번 양양, 속초 구간 트레킹 여정은 음식에 대한 만족도가 많이 떨어진다. 설악연수원 3박째다.

♡총연장 14km(4h) 캐시워크에 17,686보 기록됨

'23년 3월 16일(목) 날씨: 맑음

오늘은 46코스를 걷기 위해 연수원에서 차량으로 장사항과 청간정 중간지점까지 가서 바닷가에 주차하고, 천진해변을 걸어 청간정으로 갔다가 지난날 사돈들과 함께 여행한 추억을 회상하며 아야진해변 카페에서 커피도 한잔한다. 천학정에 들렀다가

천주교 교암공소 앞을 지나 해파랑길 46코스를 조금 벗어난 곳에 맛집으로 소문난 백촌막국수 식당을 찾아가서 메밀막국수로 점심을 먹는다. 식사 후에 문암해변으로 나와서 해파랑길 이정표를 찾아 백도해변을 지나 삼포해변까지 트레킹한다.

버스 시간에 맞춰 삼포해변 정류장에서 버스를 타고 천진리까지 가서 아침에 주차한 곳으로 간다. 그저께 아바이마을을 지나면서 식사시간이 맞지 않아 그냥 지나쳤던 단천식당으로 가서 수년 전 처형과 함께 식사한 추억으로 순댓국을 주문했는데 기대한 만큼은 아니다. 식사하고 설악산으로 가서 신흥사에 들렀다가 비선대 입구까지 갔다가 숙소(설악연수원)로 돌아온다. 연수원 4박째 마지막 날이다.

♡총연장 19km(6h) 캐시워크에 24,352보 기록됨

'23년 3월 17일(금) 날씨: 맑음

연수원을 나와 대구로 오면서 이번 여행에서 만족스럽지 못한 식단을 보상받고 싶은 마음으로 그저께 방송에서 고두심이 맛집으로 소개한 평창 흔들바위식당까지 우회해서 찾아간다. 간장게장으로 점심을 먹었는데 이번 여행에서 최고의 맛이다.

오는 길에 풍기IC 부근 인견매장에 들러 손주들 잠옷도 산다.

운전해 오면서 내가 지금 아내에게 해파랑길 트레킹을 강권하고, 또 지난 2월에 한라산 등반을 강행한 것이 과연 아내를 위한 것인지? 아니면 내가 하고 싶어서 아내를 혹사하는 것은 아닌지? 반문해 보기도 한다. 어쨌든 힘들어도 묵묵히 따라주는 아내가 있어 고맙고 행복하다는 생각이 드는 것만은 확실하다.

45코스 속초 영랑호 호수 윗길에서

해파랑길 13차 트레킹 여정
- 고성 구간과 DMZ평화의길 58km 4박 5일

🚶‍♂️🚶‍♀️ '23년 4월 22일(토) 날씨: 맑음

　애초에는 3박 4일 일정으로 23일 오전 5시에 출발해서 통일전망대까지 갈 계획이었지만, 감기 기운이 있어 장거리 운전후 오후 2시에 'DMZ평화의 길'을 탐방하는 것은 무리일 것 같아서 하루 앞당겨 4박 5일 일정으로 22일 오전 11시 대구에서 출발한다.

　군위휴게소에서부터 휴게소마다 쉬어가면서 고성 대진항에 도착해 저녁을 먹고, 오후 8시쯤에 숙소에 도착한다. 예약한 3박보다 추가한 1박은 주말요금이라 3만 원을 더 달라고 한다. 주차하기가 어려울 만큼 이용객이 많다.

부부가 함께 걷고 보고 담은 글

🚶‍♂️ '23년 4월 23일(일) 날씨: 맑음

아침 일찍 빵과 과일로 끼니를 때우고 숙소를 나와 해파랑길 49코스 마차진해변을 지나 통일안보공원 50코스(시점)에서 스탬프북에 인증과 더불어 처음으로 QR코드 인증도 한다. 그리고 우리나라 최북단 민간인 거주지역인 명파해변까지 걷는다.

해파랑길 50코스 안내표지판 하단에 있는 QR코드를 오늘 처음 보게 되어 얼떨결에 트레킹앱(두루누비)으로 스캔했더니 두루누비 앱에 자동으로 50코스 인증이 상세히 기록된다. 이렇게 간편한 방법을 모르고 지금까지 스탬프박스를 찾고 스탬프북으로 인증 절차를 밟았으니. 또 부산 오륙도를 출발하면서 트레킹앱에 나도 모르게 '따라가기'를 터치했던 모양인데, 1코스 출발시각(22.02.27 12:18)과 종료시각(22.02.27 18:09) 주행거리(16.56km) 등이 상세하게 기록되고 트레킹 여정까지 빨간색 실선으로 지도에 표기된 것을 그때 처음 확인한다. 이렇게 '따라가기' 앱을 실행하면 길 잃을 염려는 없는데 전원이 일찍 방전되는 불편함은 감수해야 한다. 내 스마트폰으로는 6시간을 지탱하지 못한다.

왕복 11km 거리라 3시간이면 충분하다고 여겼는데 군사지역을 지나는 바닷가 산길이고 또 QR코드 인증하는 방법을 확인하느라 시간을 빼앗기는 바람에 명파해변에 도착하니 벌써 8시

30분이다.

어제 대진성당 신부님과 10시에 약속을 했는데 걸어가기에는 너무 늦을 것 같아서 명파삼거리로 가서 신호를 기다리는 승합차에 염치불구하고 편승을 부탁했더니 그분이 우회하면서 숙소(금강산콘도)까지 데려다준다. 고마운 마음에 내리면서 지갑을 꺼내 마음(?)을 전하니 괜찮다며 그냥 가버린다. 못 이기는 척 받아도 되는데 그분의 순박하고 넉넉한 인심에 다시 한번 고마움을 표한다.

숙소에 와서 옷을 갈아입고 우리나라 최북단에 있는 대진성당으로 가서 약속시간 맞춰 성사와 미사를 볼 수가 있었다.

점심을 먹고 통일전망대 'DMZ평화의길'을 탐방하기 위해 1개월 전에 신청한 고성A코스 집결지에서 오후 2시에 일행(20명)과 합류한다. 비무장군인 4명과 해설사 포함 안내원(3명)의 통제와 안내를 받으며 남방한계선까지 탐방하고 돌아온다.

'DMZ평화의길'을 다녀와서 통일전망대 주차장에 있는 해파랑길 50코스 종점안내문 앞으로 가서 감격스러운 해파랑길 완보 인증 스탬프를 찍는다. DMZ평화의길 탐방 일정에 맞추다 보니 48코스와 49코스를 걷지 않고 먼저 50코스를 걸을 수밖에 없어 완보 인증 느낌이 다소 떨어진 듯해도 감동적인 순간이다.

우리 부부가 함께 걸었던 750km 트레킹 여정이 주마등처럼 스쳐 지나간다. 50코스 종점안내문이 내려다보이는 카페에서 아내와 함께 그동안의 여정을 되돌아보며 차 한잔하고, DMZ 박물관에 들렀다가 최북단 초등학교(명파분교) 앞에서 기념사진도 찍는다.

♡총연장 15km(5h) 캐시워크에 19,580보 기록됨

🚶🚶 '23년 4월 24일(화) 날씨: 비가 오다가 날씨 흐림

일기예보만 믿고 짐을 가볍게 하려고 배낭에 있는 우의를 숙소에 꺼내놓고 왔는데, 마을버스를 타고 거진읍을 지날 무렵 비가 오기 시작한다. 이대로 가진항까지 가면 우의를 구할 수 있을까 걱정이 되어 거진읍에서 버스를 내려 편의점에서 우의를 사서 다음 버스를 탄다. 지난번에 갔던 48코스(시점) 가진항으로 가서 동호리해변과 북천철교, 반암해변을 지나 거진항으로 올라와서 48코스(종점)에서 인증하고 다시 거진등대, 화진포 소나무숲을 지나 응봉 입구까지 간다. 시간을 보니 마을버스를 탈 수 있는 곳(대진중학교)까지 걸어가기에는 너무 늦은 시간이라 지나온 거진읍으로 되돌아가는 것이 안전할 것 같아서 거진읍으로 되돌아가서 마을버스를 타고 숙소로 온다.

트레킹 중에 반암해변을 지나는 지방도로에 목재를 쌓아 놓은 것이 위험해 보여 거진읍사무소에 가서 담당 공무원에게 안전 조치하도록 민원신고를 했는데 시골이라 그런지 안전에 대한 개념이 별로 없는 것 같아 아쉬움만 남는다.

출발할 때 감기 기운으로 걱정했던 나는 회복이 된 것 같은데, 오후부터 아내가 감기 기운이 있다며 힘들어한다.

편의점에 매일 들르다 보니 동년배로 보이는 편의점 사장님과도 가까워져 우리 부부가 여행하는 모습이 너무 보기 좋다고 칭찬하면서 자신이 살아온 인생사와 가정사까지도 이야기한다. "여행도 다녀봐야 제대로 갈 수 있지, 자기는 누가 5천만 원 줄 테니 해외여행 가라고 해도 여행 가는 게 어색하고 두려워서 못 갈 것 같다"라고 하면서 본인은 평생 강원도 고성군 명파 토박이로 일만 하고 살아왔고, 또 앞으로도 이렇게 편의점을 운영하며 살아갈 수밖에 없다는 그분의 말씀에 짠함을 느끼기도 한다.

금강산콘도 3박.

♡총연장 26km(9h) 캐시워크에 33,013보 기록됨

🚶🚶 '23년 4월 25일(수) 날씨: 비 오다가 흐림

숙소(금강산콘도)에서 49코스를 역순으로 대진항, 화진포해

변을 지나 화진포콘도에서 점심을 먹고 김일성별장을 지나 응봉 정상에서 어제 갔던 응봉 입구까지 트레킹한다. 그리고 거진읍으로 다시 가서 거진내과의원에 들러 아내 감기 진료를 받고 버스를 타고 숙소로 돌아온다.

  응봉 정상에서부터 거진읍 방향 응봉 입구까지 4km나 되는 산길 양쪽에 쌓은 돌탑은 누가 그렇게 정성을 들여 쌓았는지 대단하다. 오는 길에 대진항 부두식당에서 저녁으로 대구탕을 먹었는데 맛집이다. 그래서 아침까지 예약하고 온다. 금강산콘도 4박째다.

  ♡총연장 17km(6h) 캐시워크에 22,339보 기록됨

'23년 4월 26일(수) 날씨: 맑음

  숙소를 나와 어제 예약한 식당으로 가서 오늘은 삼식이탕으로 아침을 먹는다. 어제 해파랑길 49코스를 걸으며 김일성별장은 가봤는데 이승만별장은 안 보고 갈 수 없다는 생각에 화진포로 다시 가서 이승만별장을 둘러본다. 다시 민통선 안에 있는 우리나라 4대 사찰 중에 하나라는 건봉사에 들러 사찰 경내를 찬찬히 둘러보고 진신사리도 친견하고 온 귀한 시간이었다. 대구에 도착하니 저녁 9시다.

해파랑길 50코스 종점(통일전망대)에서 완보 스탬프를 찍고나서

부부가 함께 걷고 보고 담은 글

해파랑길 총정리

　해파랑길 750km를 13차례 일정으로 1년 2개월('22.02.27 ~'23.04.26) 동안 총 43일을 걸었으니 하루 평균 17km를 걸은 셈이다. 그러나 정규코스를 벗어난 명승고적지, 식당, 정류장, 우회 거리 등은 산출할 수가 없어 훨씬 많은 거리를 걸었을 것이다.
　동해안 해파랑길을 부부가 함께 걸은 것만으로도 큰 축복과 은총을 받았다고 생각한다.
　동해안 검푸른 바다 빛깔,
　남해안 초록빛 바다 빛깔,
　서해안 갯벌 품은 바다 빛깔이
　서로 제 모습을 뽐내는 아름다운 금수강산이다.

아~ 750km 해파랑길을 완보하고 나니
1,470km 남파랑길도 함께 걷고 싶고,
1,800km 서해랑길도 함께 걷고 싶다.

우리 부부가 함께 대한민국 둘레길(4,500km)을 완보할 수 있으면 얼마나 좋을까? 소망해 본다.

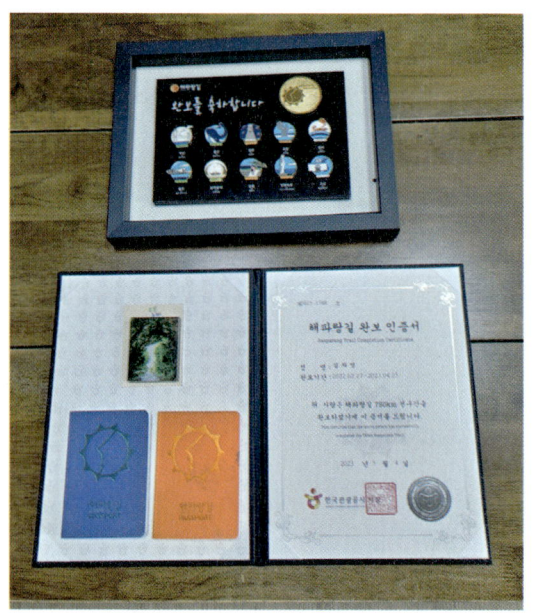

한국관광공사에서 보내준 해파랑길 완보인증서와 메달

부부가 함께 걷고 보고 담은 글

제주 여행과 한라산 등정

　해파랑길을 시작하면서 혹서기와 혹한기에는 해파랑길을 쉬면서 다른 곳을 트레킹할 계획이었는데 이번 겨울은 제주도로 여행지를 정한다. 제주도는 여러 차례 여행하고 2004년 2월 22일 서귀포국제마라톤대회에 참가한 경험도 있다. 부산에서 배를 타고 하루 전에 제주항에 도착해서 부부가 함께 한라산을 등정하고 그다음 날 곧바로 마라톤대회에 참가하기도 했다.

　더 나이 들기 전에 한라산 백록담을 오르고 싶은 마음에서 6박 7일 일정으로 제주여행계획을 세운다. 처음에는 3박 4일 일정으로 우리 가족(9명) 모두 함께 여행하려고 했지만, 일정이 맞지 않아 우리 부부만 다녀왔는데 기대한 것보다 보람이 있었다.

🚶🚶 '23년 2월 21일(화) 날씨: 맑음

    1일 차는 예약한 렌트카를 인수해 이호테우해변 해안도로를 따라 애월항을 지나 협재해변에서 잠시 휴식을 취하는데, 강풍으로 아내는 차 바깥을 나오지도 못할 정도다. 해변 가까운 식당에서 보말칼국수로 점심을 먹고 한림공원을 지나 곶자왈공원 숲길(1:30), 산방산, 용머리해안(1h), 송악산(1:30)을 탐방한다. 모슬포로 가서 숙소에 여장을 푼 다음 숙소 가까운 식당에서 생선회(방어회)를 먹었는데 맛집이다.
    이날 보행은 19,574보를 걷고, 차량은 60km를 주행한다.

🚶🚶 '23년 2월 22일(수) 날씨: 맑음

    2일 차에는 애초 계획과는 달리 아내가 백종원 돈가스를 먹고 싶다고 해서 중문단지에 있는 식당(연돈)으로 가서 예약했는데 대기 번호가 108번으로 생각보다 너무 늦다. 5시간 기다려 16:00경에 돈가스를 먹는데 아내가 만족하니 베리굿이다.
    기다리는 동안 신라호텔도 둘러보고 색달해변도 산책하고, 주상절리, 올레길, 천제연폭포, 심인교도 다녀온다. 카페(더크리프)에서 점심 대용으로 크래커와 주스를 주문해 음악을 들으며

부부가 함께 걷고 보고 담은 글

즐겁게 시간을 보내기도 한다. 30여 년 전에 자식들 어릴 때 가족이 함께 여행한 추억도 되새기며 기회가 된다면 우리 가족 모두가 제주를 한번 더 여행했으면 한다.

저녁에 서귀포 사는 친구와 약속했지만, 중문단지에서 식사가 너무 늦었고 또 내일 한라산 탐방 일정이 있어 약속을 취소한다. 강정포구, 외돌개, 서귀포 올레시장을 둘러보고 마트에서 식재료를 구매해 예약한 숙소로 가서 전복죽으로 저녁을 먹고 한라산 등정을 위해 일찍 잠자리에 든다.

이날 보행은 14,791보를 걷고, 차량은 41km를 주행한다.

'23년 2월 23일(목) 날씨: 흐림

비가 올까 걱정했는데 비는 오지 않고 짙은 안개로 앞을 제대로 볼 수가 없을 정도다. 성판악에 도착(07:30)했지만, 주차장이 만석이라 안내방송에 따라 10km 아래 위치한 제주국제대학에 차량을 주차하고 버스를 타고 다시 성판악까지 올라온다. 차량 주차시간 때문에 1시간이나 늦어 가장 후미에 성판악 입구를 통과(08:56)한다.

3km를 올라가다가 눈이 많이 쌓인 곳에서 아이젠을 착용하고 진달래꽃대피소 제한시간(12:00)에 맞춰 겨우 통과하고 한

라산 정상도 제한시간에 맞게 13:34에 도착한다. 한라산 정상 표지판 앞에서 10분을 기다려 인증사진을 찍고, 눈보라 때문에 백록담 풍치는 제대로 볼 수가 없었지만 멋진 겨울 산행이었다.

19년 전 우리가 한라산에 함께 오르고 2번째 부부 등정이다. 70대 부부의 한라산 겨울 등정은 쉬운 일이 아닌데 함께한 아내가 고맙다. 하산도 가장 늦었지만, 진달래꽃대피소를 지나면서 상당수 탐방객을 앞서 성판악 입구에 17:41에 도착, 왕복 8시간 47분 걸린 산행이다.

오르는 길에 안전 장구를 준비하지 않아 자신의 딸이 울면서 괴로워하는데 아빠가 어찌할 바를 모르는 안타까운 모습이 눈에 밟힌다. 우리가 해준 것은 아내가 어린 여자아이 다리를 주물러 주는 것밖에 없었지만, 안전하게 하산하기를 기도할 수밖에 다른 방법이 없었다. 겨울 산행은 안전 장구(아이젠, 스틱 등) 준비가 필수다. 바로 생명줄이다.

한라산국립공원에는 한라산등정인증서발급제도가 있다. 산행을 시작하면서 스마트폰에 앱을 깔고 출발시간과 정상에서 인증사진, 도착시간을 입력하고 신분증과 발급수수료를 제출하면 한라산등정인증서를 발급받을 수가 있다. 우리도 하산해서 관리실 입구 전산발급기로 한라산등정인증서를 발급받은 다음에 성판악에서 택시를 타고 국제대학주차장으로 가서 예약한 절물자연휴양림 숙소에 도착한다.

　이날 보행은 37,678보, 한라산 등정 8시간 47분, 차량은 40km를 주행한다.

🚶🚶 '23년 2월 24일(금) 날씨: 맑음

　4일 차에는 휴양림에서 푹 자고 늦은 시간에 아침 겸 점심을 먹은 다음 사려니숲길(붉은오름/2h)을 걷는다. 조천읍 하나로 마트로 가서 흑돼지 고기를 사서 숙소로 돌아와 절물휴양림을 또 트레킹(2h)하고 흑돼지구이로 만찬을 즐긴다.

　아내가 오른쪽 무릎이 아프다며 걱정한다. 아마 한라산을 등정한 후유증이 아닌가 싶다. 나도 무릎과 다리가 조금 아팠지만 내색하지 않고 아내 다리를 마사지해줬더니 많이 좋아졌다고 한다.

　이 나이에 이렇게 산행하고 여행할 수 있다는 것만으로도 얼마나 감사하고 고마운 일인가? 절로 은총이라는 생각이 든다. 다시 한번 감사기도를 드린다.

　이날 보행은 14,259보를 걷고, 차량은 70km를 주행했다.

🚶 '23년 2월 25일(토) 날씨: 맑았지만, 바람이 심함

　5일 차에는 휴양림을 나와 산굼부리를 탐방(1h)하고, 성읍민속마을로 가서 점심을 먹는다. 민속마을을 둘러보고, 오후 3시쯤 예약한 숙소로 가서 여장을 푼다. 강풍으로 걷기가 어려울 정도였지만 이참에 제주바람도 맞아볼 겸 준비를 단단히 하고 섭지코지로 간다. 다시 숙소로 돌아와 광치기해변을 따라 숙소에서 3km 거리에 있는 성산포성당으로 간다. 저녁 특전미사를 보고 택시를 타고 숙소로 돌아온다.
　가능한 주일미사는 빠트리지 않도록 계획을 세우지만, 이번에는 주일미사 시간과 성산일출봉 탐방시간이 겹치게 되어 토요일 저녁 미사를 보게 된다. 성당 가는 길에 성게정식이 맛집이다.
　이날 보행은 14,547보를 걷고, 차량은 58km를 주행한다.

🚶 '23년 2월 26일(일) 날씨: 맑음

　6일 차는 성산일출봉에 올랐다가 다시 성산포성당으로 가는 길에 별미인 고기국수로 점심을 먹는다. 성당에 도착해서 매괴동산을 둘러보며 매괴동산 축성봉헌사연을 읽으면서 묵상하고, 그곳에서 성산일출봉을 다시 한번 조망한다.

부부가 함께 걷고 보고 담은 글

비자림으로 가서 탐방로를 걷는데 우리가 이번에 제주에 와서 걸었던 곳 중에 제일 마음에 든다.

사위가 예약한 숙소(제주시 메종글레드호텔)로 가서 여장을 푼 다음에 용두암을 둘러보고 동문시장으로 가서 저녁을 먹는다. 손녀한테는 레드향을 외손자한테는 흑돼지 고기를 택배 주문하고, 우리는 생맥주 한 캔을 사서 숙소로 돌아온다. 호텔 시설에 문제가 있어 다른 방으로 옮기는 해프닝도 있었다.

이날 보행은 13,075보를 걷고, 차량은 50km를 주행한다.

🚶🚶 '23년 2월 27일(월) 날씨: 맑음

7일 차 마지막 날에는 호텔에서 아침을 먹고 한라수목원을 탐방(1h)하고, 제주항과 김만덕 객주를 둘러보고 삼성혈을 탐방(1h)하고 나니, 비행기 탑승 시간(21:25)까지 시간이 많다.

2012년부터 천주교 성지를 순례하는 중이라서 이참에 제주도 성지를 순례했으면 하는 생각이 들어 계획에 없던 황사평마을 성지를 찾아간다. 신축화해순례길(황사평성지-화북성당-화북포구-별도천-별도봉-김만덕기념-관덕정-향사당-중앙성당)을 알아보고, 순례길 중 일부 구간(황사평성지-별도봉-관덕정-중앙성당)이지만 사순절을 앞두고 성지(황사평, 관덕정)

두 곳을 순례할 수가 있었던 것은 제주여행 중 큰 축복이고 감사한 일이다.

    제주관덕정과 함께 제주목관아도 탐방하고 제주주교좌중앙성당을 순례한 다음에 저녁을 먹고 렌트카를 반납하고 공항으로 가서 대구(23:00) 도착한다.

    이날 보행은 15,664보를 걷고, 차량은 69km를 주행한다.

    이번 제주여행은 곶자왈, 용머리해안, 송악산, 중문단지(색달해변, 천제연폭포, 주상절리 등), 서귀포매일올레시장, 한라산 등정, 사려니숲, 절물자연휴양림, 산굼부리, 성읍민속마을, 섭지코지, 광치기 해변, 성산 일출봉, 비자림, 용두암, 동문시장, 한라수목원, 삼성혈, 제주목관아 등을 탐방하고, 성산포성당에서 특전미사, 황사평 성지에서 별도봉, 관덕정, 중앙성당까지 순례했다.

    6박 7일 동안 총 129,588보를 걷고 388km를 주행한 강행군이었지만, 제주 곳곳을 기쁜 마음으로 둘러본 행복한 시간이었고 보말칼국수, 방어회, 돈가스, 오메기떡, 한라봉, 양고기, 흑돼지고기, 갈치조림, 고등어회, 갈치회도 먹은 식도락 여정이기도 하다.

한라산 백록담에서(2023. 2. 23.)

성지순례

이번에 제주를 여행하면서 제주 성지와 신축화해순례길을 순례한 은혜로 지금까지 성지 다녀온 곳을 정리해 보기로 한다.

2009년 8월 15일 늦은 나이에 세례를 받고 영적 체험을 하고 싶은 마음에 기회가 되면 성지순례가 좋겠다 싶어 처음엔 멋도 모르고 주변에서 '산티아고 순례길'을 권하기에 '91년 6월에 바티칸을 다녀오고 '07년 6월에 튀르키예 에페소유적지도 다녀온 경험이 있어, 산티아고 순례를 준비한다. 그러다가 생각을 바꿔 우리나라 123개소 성지를 먼저 순례하는 것이 좋겠다 싶어 '12년 6월부터 성지순례 책자에 인증 스탬프를 찍으며 성지순례 겸 여행을 병행하고 있다.

대구교구 성지 7곳(계산주교좌성당, 한티순교성지, 진목정, 신나무골, 성모당, 복자성당, 관덕정순교성지)은 수시로 미사와 기도, 묵상을 위해 찾아가는 곳이다. 특히 성모당은 대구교구 초대교구장이셨던 드망즈 주교가 루르드 성모상을 모신 곳으로 좋은 일이 있거나 감사한 일이 있으면 찾아가 기도하는 곳으로 우리 집에서는 지하철로 40분이면 되는 거리에 있다.

명동성당은 서울 갈 기회가 있으면 시간을 내어 미사를 보거나 묵상을 하는 곳이기도 하다.

'12년 6월에는 수원교구 성지 4곳(미리내성지, 손골성지, 수원성지, 천진암 천주교회 발상지)과 원주교구 성지 2곳(용소막성당, 배론성지)을 다녀온다.

'21년 9월에는 대전교구 성지 5곳(솔뫼성지, 신리성지, 합덕성당, 해미 순교성지, 황새바위 순교성지)을 우리 가족과 ME가족이 각각 다녀오고, 안동교구의 마원성지, 전주교구의 나바위성지, 전동성당은 가족이 함께 다녀왔으며, 이번에는 제주교구의 성지 2곳(황사평 마을, 관덕정)을 순례하는 은총도 받는다.

제주 신축화해순례길 성지

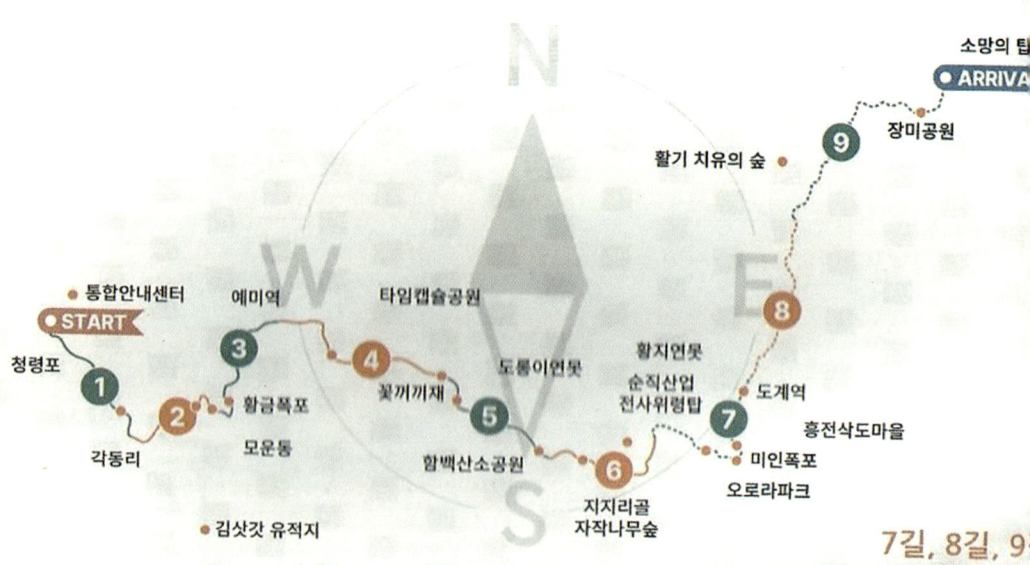

운탄고도1330 지도

부부가 함께 걷고 보고 담은 글

운탄고도1330을 완보하다

'23년 4월 26일 해파랑길을 완보하고 남파랑길을 준비하는 동안에 체력과 정신 무장을 위해 강원도 영월, 정선, 태백, 삼척의 폐광지역을 아우르는 운탄고도1330을 걷기로 한다.

'구름이 양탄자처럼 펼쳐진 고도'라는 의미에다 정선 만항재 높이 1,330m를 상징하는 '운탄고도1330'. 영월 청령포에서 삼척 소망의 탑까지 과거 석탄을 운송하던 길을 걸으며 탄광의 흔적을 느껴볼 수 있는 길이지만, 길이 험한 곳이 많고 도중에 식당이나 숙소가 제대로 없어 2차례 일정으로 트레킹하면서 상당히 힘들었던 여정이다.

'23년 5월 23일 영주에 사는 동생과 만나 동생 집에서 함께 자면서 우애도 나누고 회포도 푼 다음에 이튿날 영월로 가서 걷기 시작한다.

🥾 1차 트레킹 1~3길('23.05.24~27) 3박 4일 여정

🌀 5월 24일

영주역에서 기차를 타고 제천역에 도착해서 2시간을 기다려 제천역에서 다시 기차를 타고 영월역에 도착(10:02)한다. 택시를 타고 영월 청령포 운탄고도안내센터로 가서 스탬프북과 안내 책자를 받아 1km가량 떨어진 운탄고도1330 1길 시작점으로 향한다.

11시에 운탄고도 1길 안내문 앞에서 인증한 다음에 세경대 방향으로 간다는 것을 착오해 반대 방향으로 가게 되어 3km 이상을 우회해서 어렵게 세경대 입구에 도착한다. 각고개 입구에 있는 식당에서 조금 늦은 점심으로 삼계탕을 먹은 다음에 팔괴리 카누마을을 지나 길론골 험준한 산길을 넘어 각동리 입구 1길 종점에 도착한다.

세경대에서 각고개 식당까지 가는 길은 평탄한 길이지만, 팔괴리 카누마을을 지나 길론골을 오르는 길은 험하고 가파른 산길에 제대로 된 이정표가 없어 고생을 많이 하고 위험을 감수했던 길이다. 다시 생각해도 사람 혼자 걷기도 좁은 비탈길인데 명색이 '운탄고도' 석탄을 실어 날랐다는 명칭과는 맞지 않는 길이 아닌가 하는 생각이 든다.

예약한 펜션(비탈길)에 도착해서 저녁을 먹고 내일 아침 식사까지 주문한다. 펜션 주인장에게 오는 길이 너무 험하고 이정표가 없어 고생했다고 하니 트레킹하는 사람 상당수가 그런 이야기를 한다며 공감한다.

♡ 트레킹 거리 20km, 시간 8h

5월 25일

트레킹 일정을 짜면서 운탄고도 2길 종점에는 식당이나 숙박업소가 없어 모운동 이장님께 전화해서 숙식을 부탁했는데 막상 어제 걸어보니 예상보다 길이 험하고 불편할 것 같아 이장님께 전화해서 예약을 취소한다. 앞서 펜션 주인장께 3일 동안 차량 픽업을 부탁하니 흔쾌히 들어주기에 여장을 가볍게 꾸려 운탄고도 2길 트레킹을 시작한다.

가는 길에 영월운탄고도안내센터에 전화해서 어제 상황을 설명하고 이정표 등을 개선할 것을 부탁한다. 해파랑길을 걷다 보면 길 안내문이나 이정표가 조금 성가시더라도 초행자 중심으로 표시하면 좋을 텐데. 일하기 쉽게 또는 지역민 기준으로 설치한 것 같아 초행자는 찾아가기가 어려운 경우가 참 많았다.

 출발하면서 강 건너편에 와서 펜션을 바라보니 펜션에서 바라본 전망보다 훨씬 펜션 전망이 좋다. 펜션 주인은 아직 미혼으로 아버지와 함께 펜션을 운영하는데 사귀는 여자가 대구 여자라면서 친절을 다한다.

 가재골을 지나 대야리를 거쳐 방랑시인 김병연과 유래된 김삿갓면사무소를 조금 지난 식당에서 점심을 먹는다. 옆자리에 혼자 트레킹하는 분이 계셔 물었더니 서울에서 출발해 각동리에서부터 걷는 중이라며 오늘 서울 돌아갈 계획이라면서 바삐 걸어가는데 걸음이 무척 빠른 분이시다.

 뙤약볕 아래 아스팔트 길 따라 예밀교차로까지 가서 출향인공원이라고 표시된 곳에서 차량을 픽업해서 펜션으로 다시 돌아온다.

 ♡ 트레킹 거리 15km, 시간 6h

🍥 5월 26일

 숙소에서 아침 식사하고 어제 걸었던 곳(출향인공원)까지 차량을 픽업한 다음에 장재터를 올라 모운동으로 가서 광부의 길과 황금폭포 등을 탐방한다. 마침 모운동에서 출향인공원으로 가는 버스가 있어 버스를 이용해 출향인공원까지 와서 차량을 픽업해 고씨동굴을 탐방하고 숙소로 돌아온다.

구름이 모인다는 분지 모양의 모운동은 옛날에 옥동광업소가 있던 탄광촌으로 '동네 강아지도 만 원짜리 지폐를 물고 다닌다'라고 할 정도로 영월에서 가장 호황을 누렸던 곳이다. 한때는 거주민이 만 명에 육박할 정도였으며 극장, 세탁소, 다방, 양조장 등이 있던 곳이라지만, 지금은 겨우 30여 가구가 사는 작은 동네다. 얼마 전 엄홍길 산악대장이 TV에 출연해서 '운탄고도마을호텔'로 알려진 곳이기도 하다.

모운동에는 식당이 없어 가는 길에 김삿갓면 편의점에서 구매한 빵으로 끼니를 때울 수밖에 없었다. 숙소(펜션)와 고씨동굴은 걸어서 2km라서 차량을 픽업해 오면서 고씨동굴 앞에 하차해 고씨동굴을 탐방한 다음에 인근 매운탕 집에서 저녁을 먹고 걸어서 숙소로 간다.

♡ 트레킹 거리 15km, 시간 6h

5월 27일

오늘은 예미역 기차 시간(16:08) 때문에 숙소에서 아침 식사하고 출발하기에는 시간이 늦을 것 같아 편의점에서 구매한 식품으로 아침 끼니를 준비한다. 3길 시작점(모운동)에서 차량 운행이 가능한 지점(만경사)까지 차량을 픽업한 다음에 걸어서 2km를 다시 올라가서 낙엽송삼거리 외진 곳에서 아침 끼니를 해결한다.

상쾌한 아침 공기를 마시며 수라삼거리, 석항삼거리를 지나 신동읍집하장을 거쳐 예미농공단지를 지나 예미역에 도착해서 인증하고 식당으로 가서 점심을 먹는다.

예미역에서 동백산역으로 가서 1시간 40분을 기다려 동대구행 기차를 타고, 동대구역에 도착하면서 1차 운탄고도 트레킹 3박 4일 일정을 마친다.

3길 중간지점 수라삼거리 스탬프박스에 산새 둥지가 있는지 모르고 무심코 열었다가 푸드덕하는 산새 소리에 화들짝 놀라기도 한다. 석항삼거리는 석탄이 호황을 누리던 때는 석탄운송 차량과 철도를 연계하기 위해 엄청 붐볐던 곳으로 아직 그곳엔 식당이 많다. 점심시간이 일러 3길 종점에 가서 식사할 생각으로 예미역까지 갔는데 예미역 주변에는 식당이 없어 왔던 길을 되돌아가서 식사할 수밖에 없었다.

동백산역 주변에 편의점이야 있겠지, 하는 생각으로 갔는데 아무것도 없어 한참을 걸어나가 작은 구멍가게에서 과자, 음료수 등을 사서 겨우 저녁 끼니를 때우고 기차를 타고 대구로 온다.
♡ 트레킹 거리 17km, 시간 6h

대구에서 운탄고도1330길을 트레킹하기에는 교통이 많이 불편하다. 동대구역을 출발해서 제천역에서 태백선으로 환승 영월역으로 가는 방법과 영주역에서 영동선 동백산역으로 가서 태백선 환승 예미역으로 가는 방법이 있다. 1차 트레킹은 동생 집 가느라 제천역을 이용하였고, 2차 트레킹은 동대구역에서 동백산역으로 가는 무궁화 열차를 이용하기로 계획을 세운다.

운탄고도 시점을 출발하면서(청룡포, 2023.05.24.)

🚶🚶 2차 트레킹 4~6길('23.06.13~16) 3박 4일 여정

🌀 6월 13일

　동대구역에서 무궁화 열차 타고(06:05) 동백산역에서 태백선으로 환승, 예미역에 도착(11:24)해서 2차 트레킹을 시작한다.

　4길 시작점 예미역에서 함백초등학교를 조금 못 간 곳에 있는 식당에서 점심을 먹고 인근에 있는 함백성당에 들러 묵상한다. 엽기소나무길을 따라 타임캡슐공원을 들렀다가 고랭지 재배지로 유명한 새비재를 가로질러 고갯마루 쉼터에 앉아 4길 코스를 탐색한다. 여기서부터 4길 종점까지는 18km, 차는 다닐 수가 없고 인가도 없을뿐더러 휴대폰 전파도 잡히지 않는 곳이다. 종점까지 가기는 아무래도 무리라는 생각이 든다. 또 종점에서 숙소까지 거리도 만만치 않다. 그래서 정선읍 콜택시에 전화해서 '우리가 트레킹 중인데 사동골 입구까지는 갔다가 올 테니 2시간 후에 새비재 쉼터에서 픽업을 부탁한다'고 하니 금세 상황을 이해한다.

　그때부터 빠른 걸음으로 사동골 입구까지 갔다가 오는 데 2시간이 조금 넘게 걸린다. 기다리던 택시를 타고 사북읍까지 가서 저녁을 먹은 다음 숙소(하이캐슬)로 가면서 내일 아침 화절령으로 가는 택시를 다시 예약한다.

　아침부터 강행군이라 많이 피곤하지만, 이곳까지 와서 하이원을 구경하지 않고 그냥 가기는 아쉬운 마음에 하이원으로 내려가서 이곳저곳을 둘러보고 수년 전 가족들과 함께 여행한 후일담도 나눈다. 내일 5길 역시 도중에 매점이 없기는 마찬가지라 하이원 편의점에서 아침과 점심으로 먹을 대용 식품을 구매한다.

　4길(예미역~화절령)은 총연장 29km로 젊은 사람도 10시간은 걸리는 거리로 완보하지 못한 아쉬움은 크다. 그나마 새비재에서 사동골 입구까지 걸은 것으로 위안하고, 새비재에서 사북읍까지 택시비(5.5만 원)는 우리 부부 안전을 위한 보험이라 생각하기로 한다. 택시기사가 4길 트레킹 하는 사람 중에는 새비재에서 사북읍까지 택시로 우회하는 사람이 많다며 지역민이 아닌 사람이 당일치기로 4길 트레킹하기는 애초부터 무리라고 한다. 그래서 조금 전에 전화했을 때 우리 상황을 빨리 인식했구나 싶다.

　♡ 트레킹 거리 17km, 시간 6h

6월 14일

아침에 일어나자마자 택시를 타고 화절령(꽃꺼끼재)으로 향한다. 화절령에 도착하니 전세버스가 2대나 주차해 있고 트레킹하는 사람도 많다. 화절령 쉼터에서 준비한 빵으로 아침을 먹는데 주변에 관광객이 먹다 버린 음식물 쓰레기가 너무 많아 불쾌하다. 이렇게 무질서하게 아무 곳에나 버릴 거면 뭣 하러 이곳까지 왔는지?

화절령 5길 시점에서 스탬프를 찍고 만항재로 향한다. 가는 길에 도롱이연못 앞에는 무슨 촬영이 있는지 영상기기가 즐비하고 사람들도 많지만 갈 길이 바빠 그냥 지나친다. 조금 지나서 동원탄좌 사북광업소가 최초로 개발한 갱도를 복원했다는 1177갱 앞에서 막장이야기를 읽으며 당시 광부들의 애환을 잠시 새겨보기도 한다.

함백산 소공원 만항재까지 16km의 길은 우리가 걸었던 운탄고도 중에 가장 운탄고도다웠다는 생각이 든다. 길도 험하지 않고 주변에 볼거리도 많고 특히 함백산 소공원 만항재 야생화는 일품이다. 더구나 운탄고도1330은 만항재 높이 1,330m를 나타낸 것으로 차가 다니는 국도 중에 가장 높은 곳이라고 한다.

만항재에는 휴게소가 있어 간단한 먹거리는 해결할 수가 있다고 해서 잔뜩 기대하고 갔는데 하필 오늘이 임시 휴점이란다.

실망이 너무 크다.

 만항재 도착할 무렵에는 날씨가 좋았는데 소공원에 가서 야생화를 둘러보고 다시 만항재로 올라가니 바람이 심하게 불고 비가 오기 시작한다. 서둘러 우의를 꺼내 입지만 비바람이 예사롭지 않아 2km 거리의 숙소에 전화해서 픽업을 부탁한다. 픽업했지만 옷은 이미 흠뻑 젖고 숙소에 도착해서 오리 백숙 한 마리를 주문했는데 두 사람이 저녁을 먹고도 내일 아침과 점심까지 먹을 수 있을 만큼 양이 푸짐하다.

 ♡ 트레킹 거리 18km, 시간 6h

6월 14일

 아침에 일어나 동네를 한 바퀴 둘러보고 어제 남은 오리 백숙으로 아침을 먹고 만항재로 향한다. 어제 제대로 보지 못한 만항재 야생화 정원을 관찰하고 벤치에 앉아 오늘 트레킹 코스를 살펴보고 있는데, 옆 벤치에 앉아 있던 남자분이 수인사한다. 그래서 우리 부부는 운탄고도를 트레킹한다고 했더니 이곳에는 버스가 자주 다니지 않는다며 자기들은 지금 황지를 가는 길인데 중간지점까지 태워주겠다며 호의를 베푼다. 고맙기도 하고 오늘 일기예보에 비가 올 것 같다고 해서 편승한다.

 차가 출발할 무렵부터 비가 오기 시작하더니 억수같이 쏟아진다. 비 그칠 때까지 기다렸지만 남의 차를 계속 타고 있을 수는 없어 가는 방향으로 조금 더 가다가 지지리골 반대편 입구에 내린다. 이정표를 확인해 가며 6길 중간지점(지지리골)을 찾아 인증하고, 다시 그 입구로 내려온 탓에 처음부터 그냥 걷는 것보다도 적지 않은 길을 걷고, 또 비까지 흠뻑 맞아 엄청 고생한 트레킹 여정이다. 내려오는 길 지지리골 쉼터에서 남은 오리 백숙으로 점심을 먹고 다시 지지리골 입구에서 태백시 황지동 산업전사위령탑 앞으로 가서 그곳에서 스탬프 인증(17:00)하고 운탄고도 2차 트레킹을 마친다. 옷도 말릴 겸 건너편 시장에 황지한우실비식당으로 가서 저녁을 거나하게 먹고 예약한 숙소로 간다.

♡ 트레킹 거리 16km, 시간 6h

🌀 6월 15일

숙소에서 태백역으로 가서 영월 가는 기차를 타고, 영월역에 도착해서 택시로 영월운탄고도안내센터로 가서 아침을 먹는다. 센터가 문 열기를 기다려 스탬프북 인증기록을 제출하고 완보증과 기념 메달, 기념품을 받은 다음에 직원의 권유로 명예의 전당에 기록 사진을 남긴다.

영월역으로 가서 제천 가는 기차를 타고, 제천에 도착해서 2

시간을 기다려 영주 가는 기차를 타고, 영주 와서 점심을 먹고 영주에서 동대구 오는 기차를 타고, 동대구역에 도착한다.

운탄고도1330은 영월 청령포에서 삼척 소망의 탑까지 총 173.2km이지만, 안전과 제반여건 때문에 안내센터에서는 태백 황지까지 6길까지만 안내한다. 그래서 우리도 1길~6길까지 걷는 것으로 만족할 수밖에 없었다. 향후 삼척까지 가는 길이 완공되면 다시 가보기로 마음을 먹는다.

함백산 소공원 만항재 표지석(해발 1,333m)

에필로그

　글재주가 특별하게 있었던 것은 아닌데 아버님 돌아가시고 부모님에 대한 그리움과 염원으로 제사에 축문을 쓰면서 조금씩 글 쓰는 습관을 들인 것 같고 또 아내와 함께 해파랑길을 걸으며 트레킹 일지를 기록한 것이 글을 가까이한 계기가 되지 않았나 싶다.
　이렇다 보니 글을 어떻게 써야 할지를 몰라 생각나는 대로 아무렇게나 적은 글이라서 민망스럽고 부끄럽기 짝이 없다.
　또 글 속에 우리 가족들 좋은 점만 어필한 것 같아 염려되고 우려스럽기도 하다. 그래서 가까운 이웃이 보기에 사실과 다르게 느껴지는 내용의 글은 없을까? 또 자랑하는 것으로 비추어지지는 않을까? 심히 걱정되기도 한다.
　우리라고 어떻게 어려운 일이 없고 좋은 일만 있을 수 있었겠나? 사는 모습은 누구 없이 비슷해서 우리 가족도 어렵고 힘든 일, 부부간에, 가족끼리, 형제간에 다투기도 하면서 살아왔지만, 지나서 돌이켜보니 그 모든 다툼과 갈등도 나를 성숙하게 만드는 자양분이었고 내가 잘못한 점이 많았다는 것을 깨닫고 반성하게도 된다. 그래서 지금까지 살아오면서 힘들고 어려웠던 추억은 지워버리고, 아름답고 좋은 것만 가슴에 새기며 살아가고자 하는 반성문이라고도 할 수 있다.

　언젠가 송길영(『시대예보:호명사회』저자) 작가의 강의를 들을 기회가 있었는데 '각자의 기록을 남겨라' '가장 경쟁력 있는 상품은 서사이다. 성장과 좌절이 진실하게 누적된 기록은 유일무이한 나만의 서사이다'라는 말에 크게 용기를 낼 수가 있었다.
　또 12대 조부이시며 『계암일록』 저자이신 계암 할배의 유전자가 조금은 남아있겠지? 하는 막연한 믿음으로 만용에 가까운 용기를 내어 살아온 이력과 만남을 나름대로 기록한 글이다.
　퇴고를 마치고 북랜드 장호병 대표님을 만나 원고를 보여드렸더니 "문학적 가치와 평가를 논하기에 앞서 김 선생 본인이 살아온 삶에 대한 모습이 그대로 묻어나는 글"이라고 하시며 어디 하나 손보기도 어렵다며 글 중에 작품을 골라 계간《문장》에 신인작품상에 공모해 보는 것도 좋겠다는 말씀에 힘을 얻어 신인 수필작가로 등단하는 영광과 함께 이렇게 책을 출간할 수 있게 되어 감사의 말씀을 드린다.

우리는 인간관계에서 한계를 정하지 않아 어려움을 겪는 경우가 많다. 친구뿐만 아니라 부모 자식 사이도 한계를 정해 놓는 것이 서로에게 도움이 된다고 본다.

예를 들면 가까운 벗이 어려움이 생겨 돈을 빌려 달라고 하면 본인이 감당할 만큼의 돈을 그냥 줘버리는 것(한계 설정)이 돈을 빌려줬다가 돌려받지 못해 불편한 관계가 되는 것보다는 좋은 것처럼 나는 '자식들에게 당부하는 글'을 통해서 스스로 자식들에게 한계를 정해준 것이라고 볼 수도 있다.

또 나를 포함해 주변에 늘그막에 오랜 시간 가까웠던 가족 또는 친지들과 갈등을 빚으며 지내는 경우가 있는 것을 보기도 한다. 그것은 본인 스스로 힘들 뿐만 아니라 살아온 인생을 부정하는 것 같아서 쉽지는 않겠지만, 서로 이해하고 용서하고 사랑했으면 한다. 그래서 나는 기회 있을 때마다 **'이·용·사'**가 되자고 외치고 있다.

사랑하고 화해하는 것까지는 몰라도 이해하고 용서하는 것은 상대방을 위해서가 아니라 자기 자신을 위해서 꼭 필요하다는 말씀을 다시 한번 새기면서 글을 마무리한다.

에필로그